恰如其分的优雅

那些不惧时光的民国女子

梅蓝心 著

中国致公出版社

图书在版编目（CIP）数据

恰如其分的优雅：那些不惧时光的民国女子 / 梅蓝心著. -- 北京：中国致公出版社，2020

ISBN 978-7-5145-1704-0

Ⅰ. ①恰… Ⅱ. ①梅… Ⅲ. ①女性 – 名人 – 生平事迹 – 中国 – 民国 Ⅳ. ① K828.5

中国版本图书馆 CIP 数据核字 (2020) 第 183462 号

恰如其分的优雅：那些不惧时光的民国女子 / 梅蓝心 著

出　　版	中国致公出版社 （北京市朝阳区八里庄西里 100 号住邦 2000 大厦 1 号楼西区 21 层）
发　　行	中国致公出版社（010-66121708）
邮　　编	100025
责任编辑	方　莹
版式设计	新视点
印　　刷	天津丰富彩艺印刷有限公司
版　　次	2020 年 10 月第 1 版
印　　次	2020 年 10 月第 1 次印刷
开　　本	880mm × 1230mm　1 / 32
印　　张	8.75
字　　数	183 千字
书　　号	ISBN 978-7-5145-1704-0
定　　价	52.00 元

民国芳华

作为我国历史上的一个特殊时期——民国在文化领域绽放出璀璨的光芒。特别是蜚声中外的六位才女——林徽因、张充和、杨绛、凌叔华、张爱玲、萧红，她们无一不冰雪聪明、满腹诗书，且经历乱世，在惊涛骇浪中起起伏伏，但性格及命运各不相同。

她们或如典雅的幽兰，或如参天耸立的白杨，或如柔情万种的藤蔓，或如冷寂原野上的小草，在她们各自的人生“画布”上，涂抹着不同的生命色彩，也缔造出了别样芳华。

在这些才华横溢的民国女子中，她们的经历大相径庭：有的备受家人宠爱，有的看尽人世冷暖；她们或与世无争，或锋芒毕露，或随波逐流……命运的小舟，把她们送往不同的彼岸，有的收获了美满的爱情，有的却始终与幸福擦肩而过。

无论性格如何，她们每个人都有着属于自己独特的闪光点；无论结局如何，她们都为那个特殊的时代做了一个难忘的印记、一段用她们优雅灵魂撰写出的隽永篇章。

在对这六位才女的经历抽丝剥茧的过程中，她们百折不挠、奋发向上的精神令我无比感动。每每看到她们在逆境中还能保持自身的优雅与高贵，便会不自觉地为之动容。在那一刻，我似乎已经回到了那个久远的年代，感受着她们的苦与乐。

如果将历史的轨迹比作一片曾经繁花盛开的花园，那么，她们则像不同的花卉，绽放了自己的芬芳；并以或柔软、或尖锐的姿态，谱写成时代的华章。

愿她们优雅的灵魂，能使我们的心灵得到洗涤与启发。更加希望我们能寻觅、追随她们经历过的纷杂时代的光影，来感知生命的璀璨与伟大，并让她们的人格魅力，激发出我们内心深处的力量。

目录

林徽因

张充和

杨绛

不与岁月争

凌叔华

一位中国闺秀的古韵与柔情

张爱玲

海上旧梦何处寻

萧红

将与长天和碧水
半部红楼与别人

一身诗意千寻瀑
万古人间四月天

林徽因

临江仙

题林徽因

林下幽兰馥郁，纤纤笔墨如仙。
瑶徽灯壁映高轩。
蕙言知冷暖，远渡蓄新篇。
豪气丹心入笔，诗音寻迹云天。
家国零落道艰难。
新华辟好景，弱骨恋河山。

人们对林徽因这位民国才女的评说存在诸多争议。一提起她，人们多的是联想到她丰富的情感经历。其实，林徽因除了天生丽质之外，能力也相当出类拔萃。她的魅力，不仅体现在举手投足的优雅上，还映射在她优美的文笔以及深爱的建筑事业上。

一些人视她为完美的偶像，另一些人又憎恨她“虚伪”。可是，无论她是否被粉丝吹捧过头，无论她身上有多少“槽点”，她的一身才华都使她的生命发出了耀眼的光芒，是那些虚有其表的“花瓶”一生都无法比拟的。

家世

林徽因祖籍福建闽县，出生于烟柳画桥的杭州。她本名林徽音，这个名字出自《诗经·大雅·思齐》“大姒嗣徽音，则百斯男”。在杭为官、家学渊博的祖父林孝恂希望她这个长孙女能为林家带来“百男”，好使林家开枝散叶、光耀门楣。长大后，她把名字改成了“林徽因”。

林徽因的父亲林长民早年毕业于日本早稻田大学，在北洋政府担任司法总长，与当时的名流如梁启超、胡适等人都是志同道合的好友。

林徽因身为林家长女，从小聪慧可人，是父亲林长民及祖父祖母的掌上明珠。然而，童年的她却并不快乐。她从儿时开始，就有一份藏于心底的痛，那是因为她的亲生母亲何雪媛。

林长民的原配夫人去世后，小富人家出身的何雪媛做了填房夫人，她和林家人的关系极为糟糕。生下林徽因之后，她又把满腔怨气撒到了林徽因身上。因此，林徽因并不像普通的千金小姐那样，一直被母亲呵护着。从她记事开始，每天面对的就是一些“冰火两重天”的生活琐事。

林家人对小徽因疼爱有加，教她识文断字、描龙画凤，而她的亲生母亲何雪媛给她的，却只有抱怨和咒骂。小小的林徽因想不明白，祖父和祖母恩爱无比、琴瑟和鸣，为什么自己的父亲和母亲却要剑拔弩张呢？这是长期困扰小徽因的一个疑问。但看到母亲眼角流出的泪，她突然意识到，母亲也是一个可怜人。

那时的林徽因年龄虽然小，但已经能够熟练背诵《弟子规》的内容，对于文中那些训诫，她更是铭记于心。所以，她才对骄横的母亲一直逆来顺受。

自从林徽因会写小楷后，林长民就直接给她写信了。在往返的信件中，林长民发觉了长女的聪慧。因而，林长民对年纪尚幼的林徽因寄予了厚望。

在这样的家庭格局中，林徽因是早熟的，对很多事的见解并不像普通小孩那样懵懂。这让林长民既心疼又欣慰，他在信中经常“抱怨”林徽因是天才，作为父亲，他反而觉得这是一件难事。他必须放低辈分，要先和女儿做朋友，才能增进了解……如此华丽的“炫耀”，足以见证这个小女孩给整个家庭带来的荣耀和快乐。

全家人移居到上海后，父亲林长民又娶了三夫人程桂林，林徽因称她为“二娘”。二娘是上海美女，虽然没有多高的文化，但她识大体，很受林长民及家人的欢迎。

偏偏在接下来的岁月里，二娘程桂林为林家开枝散叶，接连生了几个儿女。对于从小就懂得“孝悌”的林徽因来说，爱护弟弟妹妹，是她身为大姐义不容辞的责任。所以，她时常为父亲分忧担责，照顾二娘和弟弟妹妹们。

二娘一点也不笨，一方面，她知道“和为贵”的道理；另一方面，她发现大小姐林徽因很明事理，也看出林徽因在家庭中的重要地位。所以她虽然与二夫人何雪媛不睦，但是对林徽因却敬重和疼爱兼而有之，因此她们之间的相处倒是很融洽。

随着祖父祖母的相继离世，林家便由小小年纪的林徽因来打理，这让林长民对这个长女生出了更多的歉意。原本应该在父母膝下承欢的年龄，如今却要用柔弱的双肩去挑起“大梁”。

越来越频繁的信件往来，不仅使林长民了解了家中的一切，而且使林徽因奠定了优美的文笔基础，造就了她飞扬的文采，以及表达自己情感的能力。

同时，也因为年幼时就有了打理家务的这份精明，磨砺出了一套管理家庭的哲学智慧，才使她在未来的风霜雨雪中能傲然挺立，而不像娇弱女子一般，只能生活在温室中，无法承受外界的凄风苦雨。

一家人到北平安顿下来后，林徽因入读了英国教会创办的北京培华女子中学，各项成绩都名列前茅。没多久，她的英文便可以说得异常流利了。

14 岁那年，林徽因长得越发明媚动人。与林长民性情颇为相投的好友梁启超有意让长子梁思成娶林徽因为妻，两位家长便安排两个孩子见见面。

林徽因第一次见到儒雅温厚的梁思成时，感觉很亲切。难得的是，他们对音乐及文学的感觉亦是相通的。但她不愿太早就被婚姻束缚住，于是林徽因向父亲坦诚了自己内心的矛盾与想法。

林长民很欣慰，女儿能有这番独立的境界，真是难得。而梁启超并没有因为林家的“婉拒”而气愤，反而更加欣赏林徽因，认为她是一个有主见的女孩儿，觉得她就是梁家的最佳儿媳人选。

情感

初恋

1920年春，林长民终于有机会带林徽因到国外见见世面。在万物复苏的季节，林徽因随父亲登上了去法国的邮轮。落落大方的她，还成了父亲的翻译和秘书。

接连几个月，林长民都忙于公事和应酬，林徽因便在寓所里看英文书。情感细腻的她，和那些小说、诗歌、戏剧的作者产生了强烈的共鸣。有文字相伴的日子，总会让她感到踏实和美好。

父女俩又到了伦敦。房东太太是一位优雅的女建筑师，在她的影响下，林徽因对建筑学的了解越来越深：它既能给人带来美的享受，还能让人们遮风避雨——这也正是她对美的双重价值的追求。林徽因以优异的成绩考入了附近的圣玛丽学院后，就立下了攻读建筑学的目标。

林长民德高望重，平日里有许多友人前来拜访。深冬的一天，林长民不在家，有两位年轻人来到林家。林徽因像平常一样，礼貌地称他们为“叔叔”。其中有个戴着眼镜的青年诗人叫徐志摩，24 岁的他原本在美国哥伦比亚大学经济系求学，但他天性中的浪漫因子战胜了枯燥的数字。他迷上了罗素，继而放弃了即将完成的哥伦比亚大学的博士学位，只身来到英国，想投奔著名的哲学家罗素。谁知天意弄人，罗素刚好去了中国。于是，在茫然的异乡，他想到了忘年交林长民。

主人不在家，来拜访的客人应该会很快告别，但徐志摩却挪不开步了。他看见明眸皓齿的林徽因，竟像贾宝玉初见林黛玉一般愣了神。

林徽因对这位“叔叔”的唐突深感愕然，但依旧热情地招待他们。浪漫多情的徐志摩一直崇尚自由的婚姻爱情观，此刻的他笃定地认为，眼前的这个小姑娘，才是他一直以来寻觅的精神伴侣。

徐志摩满脑子都是林徽因，他回到住处后，就迫不及待地为林徽因写下了一首真情流露的小诗。当这些炽热的字句从林徽因的唇齿之间流淌而出时，她的一颗心禁不住怦然乱跳起来。那余味悠长的字句，已在她的唇齿间生出了更多的幽香。

在感情上还是一张白纸的林徽因爱上了那些浪漫的诗句，也对那个浪漫的青年诗人动了情。原本平缓单调的时光，也因为那些情意绵绵的小诗而变得充盈起来。

徐志摩的出现，让林徽因发现了一个崭新的世界。同时，徐志摩在林长民的帮助下，得以认识狄更斯，从而顺利地进入了剑桥大学。剑桥校园里有一条风景优美的河，人们称它为“康河”；河上那座桥，被称为“康桥”。林徽因和徐志摩时常流连在康桥上的微风中、沉醉在康河倒映的星子里……波光柳影，都成了他们默契微笑时的点缀。

懵懵懂懂的林徽因感觉自己已经无法驾驭心中的那条装满情感的小舟，她也像河中的那叶扁舟一样，不知会随着夜风飘向何方。初恋的感觉，使林徽因的生命像花儿般开放，并闪耀着夺目的光彩。

林徽因的这些变化，睿智的林长民一直看在眼里。他是一位极其尊重女儿的父亲，因此在林徽因和徐志摩的事情上，他不做过多的干涉。因为他相信林徽因会做出正确的选择。

随着徐志摩的妻子张幼仪的到来，林徽因才得知徐志摩已有家室。这个才 16 岁的少女顿时慌了手脚，不知该如何安置自己那份炽热而懵懂的情感。没了主意的林徽因不得不向父亲说出了她对徐志摩的心意。

林长民委婉地提醒徐志摩应该控制自己的行为，然而，徐志摩那股诗人的执拗劲儿上来了，谁也挡不住。他不仅照旧给林徽因写情诗，还认为通往幸福的阻力正是来自像个“木头人”一样的妻子张幼仪。因此，他下定决心向她提出离婚。

林徽因想到了家中的母亲与二娘之间的痛苦，她如何忍心让一个无辜的女子受到伤害呢？几番思量之后，林徽因无法再面对徐志摩的热烈与张幼仪的无辜，她决定尽快离开这个让她有过“爱情”的甜蜜，又让她感受到撕心裂肺般疼痛的地方。

林徽因和父亲不告而别。临行前，她给徐志摩写了一封信，在信中，她坦诚地把自己的心思都告诉了徐志摩。她怕那团失控的“爱情”之火会把她和徐志摩一并烧毁，并且会殃及无辜。她也无法承受这份“爱情”即将带给她的灾难，因此只能残忍地关上自己的情感阀门。

回到北平的林徽因依旧在培华女中上学，那些跨越重洋而来的一封封信件，她再也没有勇气去拆开。

挚爱

梁家那位翩翩少年梁思成，也一直在盼望着林徽因的归来。当他终于能和心爱的女子面对面地交流时，他感觉这就是世间最美好的事情。

满腹才华的梁思成和气质如兰的林徽因再次相逢，两人心中很快便萌发出爱情的种子，并以势如破竹的速度疯狂增长着。

在伦敦时，林徽因和梁思成就时常有书信来往。她拜托梁思成为她搜集一些国内的资料，还告诉他，自己已经选择了建筑这个行业作为今后的终身志向。

那时，远在北平的梁思成，看着林徽因那娟秀的笔迹，倾听着她的心声，在不自觉间，就已经受到了她的影响而爱上了古建筑。他开始背着画夹出门，去寻找让他心动的建筑。在古寺中，在长廊下，在松涛中……梁思成笔下的每幅图案里，仿佛都能看见林徽因唇间的笑意。

此后梁思成便经常带着林徽因去北海公园的松坡图书馆，在那里，梁思成也将自己未来的志向告诉了林徽因——你选定的路，也就是我要走下去的方向。

梁思成已经下定决心，要和面前这位柔弱而坚定的美丽女子，一同去探寻建筑学这个神秘领域的奥妙，并将自己的余生都与她相伴。

他们的感情在稳定地发展着，但不久，梁思成就面临了两次“情感危机”。

徐志摩回国找到林徽因，开心地说他已经恢复了自由身。但凡有理智的女子，一旦在情感上做了选择，便不会再做出让自己的生活变得一团糟的事。因此，林徽因坚定地拒绝了他，和他保持着距离。

后来，梁思成和弟弟骑着摩托车去参加学生游行时不慎出了车祸。虽然经过抢救保住了性命，但左腿明显比右腿短了一点，并且，脊椎还留下了后遗症。这让他沮丧不已，因为他感觉自己已经“残废”了，心中的女神很快就会离他而去。

令人意外的是，林徽因急匆匆地赶到医院，得知梁思成的情况后，她没有选择离开，而是要和他一同面对未来的风风雨雨。这让梁思成感动之余，也备受鼓舞。爱人的抚慰，就是最好的药品。很快，梁思成就养好了伤。

梁、林两家为梁思成和林徽因订了婚。他们登上开往美国的游轮，走向了一个能开启梦想的新世界。他们到美国后，原本打算一起报考宾夕法尼亚大学的建筑系，但宾大的建筑系那时还不收女生。林徽因便采取迂回战术，先注册了美术系，又选修了建筑系的所有课程。

任何困难，都不能阻止她对梦想的坚持。一年后，林徽因以优异的表现，不仅完成了美术系的功课，还获得了建筑系助教的资格。

为此，《蒙大拿报》还采访了这位优秀的东方姑娘。林徽因激动地说，她要将东西方文化融合的精髓带回去，振兴祖国的建筑艺术。

不久，梁思成和林徽因收到梁启超寄来的一本珍贵的《营造法式》，这是一本北宋时期关于中国古代建筑设计和施工的专著，由北宋官员李诫奉旨修编。它是宋崇宁二年（1103年）出版的图书，是我国古代最完整的建筑技术书籍。

梁启超的好友、曾任北洋交通总长的朱启钤，对古建筑颇有研究，前些年无意间在南京图书馆发现了李诫的《营造法式》手抄本。凭借着丰富的经验，朱启钤知道这本书的价值是不可估量的。于是他将此书借出来，委托印书馆印成了书。此后，他又请来一些专家，将新书进行认真校勘后再次刊发。这本宝贵的“天书”使林徽因和梁思成入了迷。他们开始查阅大量资料，希望早日将它的“密码”破译出来。

天有不测风云，1925年底，林长民在东北不幸遇难。林徽因伤心欲绝，立即就想回国奔丧。然而，因时局复杂，母亲何雪媛坚决阻止她回国，这让她更加痛苦不堪。

幸而国内有梁启超帮助打理林长民的后事，身边又有梁思成不断地开解，才使林徽因慢慢从悲痛中走出来。此后，她更加奋发图强，要以更加优异的成绩，去告慰父亲的在天之灵。

林、梁二人在宾夕法尼亚大学毕业时，拒绝了美国建筑公司向他们抛出的橄榄枝，他们只想回国开启中国建筑的新时代。

那年，在草长莺飞的 3 月，他们来到加拿大渥太华，梁家大姐和姐夫为他们举行了婚礼。这一对璧人，在经历风雨洗礼后终成眷属。

耕耘

染病

林徽因和梁思成蜜月旅行结束之后回到国内，一同受聘于东北大学建筑系。这是东北大学的首届建筑系，只有他们二人任教。这对年轻的夫妇创建了东北大学建筑系的课程体系，又结合国情增设了“中国宫室史”“营造则例”“东洋美术史”等课程，开始为祖国培养新一代的建筑师。

每逢假期，出身富贵之家的林徽因和梁思成不是留在舒适的家里花前月下、品酒论诗，而是兴致盎然地继续研究《营造法式》。他们觉得，做这件事，远比只追求恩爱缠绵的生活要有意义得多。

不久，林徽因有了身孕。夫妻二人还沉浸在喜悦之中，却接到了梁启超不幸病逝的噩耗。他们忍着悲伤，回到北平办完梁父的葬礼后，又如期赶回东北大学。

这时，校长张学良设奖征集东北大学校徽。林徽因抓住了东北最明显的特征，由她设计的“白山黑水”图案在一众参赛作品中一举夺魁。在这个设计中，林徽因还巧妙地把“知行合一”这个校训加入其中，左右两边还有一熊一狼环伺，与“白山黑水”相呼应，显得更加庄重、契合。

虽然东北大学为林徽因颁发了奖金，但是后来使用的校徽又被修改了。新的校徽图案更加简洁明了，却保留了林徽因设计的灵魂部分——代表东北的白山黑水图案。因此，林徽因看到新的校徽设计后，并没有感到自己不被对方尊重，反而对更加完美的作品表示赞赏。

她纤弱的身姿下，却蕴藏着如此的大气。她不会因为一些琐事而“乱于心”，内心的格局可见一斑。

林徽因腹中的胎儿越来越大了，十月怀胎瓜熟蒂落，心爱的女儿出生了。斯人已逝，思念不断。为了纪念公公——“饮冰室主人”梁启超，林徽因给女儿取名为“梁再冰”。这是一个美好的愿望，希望女儿能将爷爷的风骨与智慧传承下去。

女儿的一颦一笑都牵动着初为人母的林徽因的心，那时的她被幸福包围着。梁思成细心地用相机为爱妻和女儿拍下了许多个精彩瞬间，他多么想记录下母女二人的每个阶段啊！

生活开始嫉妒他们神仙眷侣般的日子，向他们露出了更加狰狞的面目。在东北大学的日子忙碌而充实，但残酷的严寒却让体弱的林徽因患上了肺病。整个冬天，她一直在低烧、咯血中痛苦挣扎着。医生郑重地告诉梁思成，林徽因必须离开东北，否则，她的病情会进一步恶化。

为了不影响学生们的学业，形销骨立的林徽因决定，让梁思成留在学校教学。她则辞职，带着母亲和 1 岁的女儿先回北平疗养。

回京

回到北平后，林徽因在香山别墅静养。那时，徐志摩已经和陆小曼结婚五年了。徐志摩和朋友们偶尔会去香山看望林徽因和小再冰，为了避嫌，林徽因每次都让亲友在场作陪。

病中的林徽因已经瘦得脱了相，曾经的美丽也不复存在。但她从没有为此哀叹过，因为在香山养病的这段时间里，往昔对文学创作的灵感又一股脑地迸发出来。

从这年春天开始，瘦削的林徽因就笔耕不辍。她的文笔清秀脱俗，有着行云流水般的美感。因此，她的诗作、小说、散文在杂志上陆续刊发。当时，为了区别另一位男作家林微音，她便将本名林徽音改成了“林徽因”。

林徽因是闲不下来的。由于她的英文水平极高，很快就被聘请到北平女子文理学院外语系，讲授“英国文学”课程。另外，她还负责《大公报·文艺丛刊·小说选》《文学杂志》等杂志的工作，也经常参加北平文学界读诗会等活动。

当东北大学的教学工作步入正轨后，梁思成也辞职回到北平。毕竟这里有他日夜牵挂的妻女。

这时，著名建筑学家朱启钤先生和中华教育基金会共同组办了中国营造学社。梁思成与林徽因一起加盟了这家学社，他们要从头研究中国的建筑史，创建出中国的建筑学体系。

林徽因和梁思成在事业上步伐一致，虽然偶尔也会因为一些家庭琐事小吵小闹，不过都无伤大雅，因此，他们的日子十分和谐。

徐志摩搭乘的飞机失事后，梁思成很快就赶到了事故现场，帮着徐家人处理徐志摩的身后事，并带回了一块飞机残骸作为纪念。于梁思成，徐志摩是惺惺相惜的好友；于林徽因，徐志摩既是知心好友，又是她在文学上的启蒙老师。悲痛的林徽因发表了一篇悲切而诚挚的长文，悼念亦师亦友的徐志摩。

1932 年夏天，林徽因生下了第二个孩子。为了纪念《营造法式》的作者李诫，他们为儿子取名为“梁从诫”。

然而，林徽因并没有因为眷念和孩子们在一起的温馨时光而留在家中当一名“全职太太”；或是为了创作更多的文学作品，当一位坐在书房中的“作家”。

那时，我国的许多古代建筑遗址都被日本人测量、收集信息并整理，写成了一篇篇属于他们的论文，在国际上得以扬名。以至于全世界的建筑专家都认为，是日本人发现了中国古建筑的价值和中国古建筑之美。这是让梁思成和林徽因最痛心的地方。在他们身上，有着保护、抢救民族文化瑰宝的迫切感，也肩负着发现和保护古建筑的重任。

为了寻访古建筑，肺疾还未痊愈的林徽因，像一名勇敢的战士一样，和梁思成及营造社的同事们起早贪黑、跋山涉水地跑遍了大半个中国，考察、勘测着各类古建筑。

痴迷

在林徽因 30 岁这年夏天，她的身体依然没有康复，但她坚持和梁思成及其他同行一起去山西汾阳、洪洞等地考察古建筑。这一年，梁思成出版了《清式营造则例》。这是他的第一部破解清代建筑之谜的专著，林徽因撰写了第一章《绪论》。在中国建筑史研究的漫长岁月中，这本书占的分量实在不算重。相对于整个古建筑史研究来说，只能算是一块小小的沙砾。但正是有了这些慢慢积累起来的一块块“小沙砾”，才构建起了他们辉煌的建筑王国。

林徽因在古建筑研究这条路上，有着和丈夫梁思成同样坚定的信念。她最大的心愿就是让中国古代建筑的技艺得以传承，并且把中国传统的技艺放到一个国际平台上，应用于房屋建造。

正是因为有林徽因、梁思成、刘敦桢、莫宗江等这些热衷于古建筑的人，他们孜孜不倦地寻找、发现、记录、整理，那些具有千年历史的古建筑及其资料才得以留存。

在河北、河南、山东、山西等省，集中着中国大部分现存的宋、辽、金、元古建筑物。因而，营造学社的前期调查工作，主要是以华北地区为主。而浙江方向，由于经费和人手皆不足，营造学社则很少涉足。

入秋后，应浙江建设厅的邀请，林徽因又马不停蹄地和梁思成及同事们到杭州去商讨六和塔重修计划，并对杭州六和塔以及杭县闸口白塔、灵隐寺两石塔都进行了调查，制订出了相关的复原计划。

林徽因他们用了十多天时间，到杭州对几座古塔进行了现场勘探和测绘。

六和塔是由七层砖砌成的，他们精准地测量着每一个斗拱。通过详细的数字对比，从六和塔的形制、用材、体例到它的浮雕图案，全都符合《营造法式》中的规制，他们认定它是南宋时期建造的。林徽因和同事们还去测绘了闸口白塔及灵隐寺的两石塔。这三座塔都是仿木结构楼阁式石塔，建于吴越国后期，是研究五代宋初木结构楼阁式塔的珍贵样本。

这些古老的塔建筑，让林徽因和同事们如痴如醉。他们迷恋地观察着白塔上每一层小小的圆形石梭柱——它们中间直径略宽，两头渐渐收紧。这种营造方式，是当时现存建筑物上几乎看不见的样式，亦是现存的五代吴越末期仿木构塔建筑中最精美、最真实、最典型的实例。

在野外的条件非常艰苦，常常是风餐露宿、精疲力竭。然而，当他们每每发现秀丽挺拔的飞檐挑角时，所有的劳苦便都一扫而光了。

正是林徽因和同事们勘察、保存了这些珍贵的资料，才给中国古建筑研究留下了浓墨重彩的一笔。他们做这些，就是要跟日本人抢时间，用生命去维护我国在建筑领域的尊严。爱国，除了真刀实枪之外，还有他们背上的测量工具，以及内心那份不变的信念！

那段时间，日本有一位研究中国古建筑的专家也在准备出版系统的中国古建筑史，林徽因和梁思成心急如焚。如果让外国人抢先了一步，岂非中国古建筑研究人员的耻辱？

于是夫妇二人和同事们抓紧一切机会和时间，到各处进行考察，发表了一篇又一篇学术论文，生怕已经占得先机的日本人把中国的建筑行业变成日本专家的领地。

这是一场没有硝烟的战争，林徽因夫妇和他们的同事在用自己的方式跟日本人进行寸土必争的较量。在每一次艰难的考察中，一旦有了新的发现，那便是对他们最大的慰藉。

在林徽因和梁思成的身上，他们的社会责任感不仅体现在学术上的寸土必争，还体现在其超出时代的眼光和永久不懈的坚持。

佛光寺

1937 年夏天，营造学社成员第三次前往山西考察，林徽因和梁思成只能又把 8 岁的女儿和 5 岁的儿子托付给了在北戴河度假的大姑姐梁思顺。

营造学社成员之所以这么急迫地要去考察，一是他们想赶在日军入侵中国之前，把所有的古建筑都绘制完成。若是这些建筑遭到炮火毁坏，也能给世人留下一些古建筑的珍贵资料。二是为了打破日本专家关于“中国没有唐代木结构建筑”的断言。

营造学社的成员们骑着骡子进了山，山势崎岖，一队人马在路上小心翼翼地走着。两天后，他们到达五台山外的豆村。

夕阳西下，前方的敦煌壁画上的“大佛光之寺”正闪烁着迷人的光亮，仿佛在迎接这些远道而来的学者。

大家激动不已，远远地打量着这个寻觅已久的“故人”。佛光寺的大殿仅有一层，斗拱巨大，出檐深远，只粗粗一瞥，便已知历史极其古老。大家怀着激动的心情开始有条不紊地进行第一遍勘察。斜坡殿顶的下面有一部分是空阁，里面黑暗无光，只能靠檐下的狭小空间攀爬着进去。

横梁上积存的尘土足有几寸厚，动作稍微大一点，就会扬起一阵阵灰雾。林徽因通过手电的光，看见檩条上爬满了密密麻麻的蝙蝠。这种情况她早已经见怪不怪了，而且她知道，拍照时的闪光灯可以将它们赶跑。可这一次，她又发现了附存于木材中的千万条臭虫……

而这些让平常女子毛骨悚然的东西，对于林徽因来说，早就司空见惯了。在野外勘察建筑物的时候，工作人员是没有性别之分的。在半空中攀爬、测量，都是他们的工作。

当晚，林徽因结束工作后，与梁思成疲惫地躺在简易帐篷里。这时两人没有一点睡意，一心盼望着明早醒来之后，能有重大发现。

第二天，一些同事凭借经验把佛光寺的外形按比例画下来。另一些同事要攀爬到梁上，用尺子去量各个构件的尺寸，并一个一个地记录在笔记本上。由于这些古建筑大多是木结构，是由许多个大大小小的配件拼接而成的，所以，无论是画外形图，还是测量数据，都不是简单的事。

几天后，他们终于发现，在殿内的木梁底部隐约有些文字，那正是佛光寺的建造时间——公元 857 年，正是唐宣宗年间！那一刻，林徽因和同事们都忍不住欢呼起来！多日来的艰辛，在这一刻显得多么不值一提啊！所有的辛劳，在一瞬间又化成了新的动力。

这是一个非常重大的发现！佛光寺不但是他们多年来发现的唯一的唐代时期的木构殿宇，也是我国文化遗产中最珍贵的一件宝贝。

佛殿本身已经是一座唐代木结构建筑物，更何况，殿内还藏着唐代原有的塑像、绘画和文字。这对研究唐代时期的历史文化，具有非常重要的意义！它们能完好地保存至今，在实物的遗迹中可以称得上是一件奇珍异宝了。

对于林徽因、梁思成和同事们来说，这是他们人生道路上最有成就感的一天。把一切资料都收拾妥当后，大家打道回府。他们准备回到营造学社之后，再根据测绘稿重新绘制建筑图稿。

五天后，营造学社的人马离开五台山，骑骡子到了代县。这时，他们才知道，在发现佛光寺的同时，“七七事变”爆发了。

林徽因和梁思成回到北平后，日本人就想拉拢他们，让他们夫妻为日本做事。因了个人气节和民族尊严，夫妇俩毅然决定逃离北平。而那时，林徽因和梁思成的身体都出现了严重的问题。

梁思成被诊断出患有颈椎软骨硬化和颈椎灰质化症，今后必须穿上金属马甲支撑他的上半身。而这也预示着，他以后的测量工作将遇到很大的阻力和难度。

林徽因的情况更加严重，只有 33 岁的她，肺部就已经出现了空洞。她知道，自己绚烂的人生之花，正在悄悄地逐渐枯萎。然而，她并没有胆怯，她只想利用更多的时间，在热爱的建筑领域上再多做一点工作。

医生警告梁思成，即使是轻微的感冒发烧，都有可能让林徽因失去生命。林徽因听见后，反而去安慰心疼她的梁思成。

无论身体怎样，一家人都必须迅速逃离北平。收拾好简单的行李后，林徽因和梁思成与营造学社的成员一同逃到了天津。他们将七年来在野外调查所得的全部测绘图稿、建筑物的底片，都藏到了天津一家外国银行的地下保险柜里。当时，也只有这个地方，是存放“宝贝”最安全的地方。

逃亡

长沙

在瑟瑟寒风中，林徽因和家人在路上吃了不少苦头。当他们终于逃到长沙后，好不容易才在火车站附近的韭菜园安定下来。这时，长沙也组成了特殊时期的临时大学。

生活是磨炼人意志的最好的学堂。林徽因从一个在家庭沙龙上侃侃而谈并且成为一屋子高级知识分子焦点的“女神”，到现在转入厨房这个新的“阵地”，亲自淘米做饭、洗衣叠被的主妇，对于生活带来的种种变故，林徽因也优雅地应对着。在睿智如林徽因的女子心中，跟至亲至爱的人相守，即使生活已经举步维艰，也是快乐的。

有一天，忽然从远处毫无征兆地传来了爆炸声。林徽因、梁思成立即抱起孩子，慌乱地和母亲一同冲下楼。房屋塌陷的声音不断延伸着，楼梯还没下完，他们就被震到空中摔向地面。瞬间，楼房就从眼前消失，成为一片废墟。

小小的从诫被林徽因紧紧抱在怀里，逃过一劫的林徽因顾不得自已是否受伤，赶紧蹲在废墟上希望能捡出一些还能用的东西。曾经大小姐的纤纤玉手，早已被繁杂的家务和炮弹浓烟熏得粗糙而漆黑。

临时的家园被炸得支离破碎，林徽因和梁思成只好拖儿带女地到朋友家借住。

营造学社这时严重缺乏资金和专业图书，工作已经无法开展。恰好历史语言研究所（简称史语所）准备在昆明重建学术研究机构，因此已将 13 万本图书发到了昆明。这些图书，也成了恢复营造学社工作的必要条件。

在寒冬时节，林徽因夫妇带着家人离开长沙准备去昆明。穿过轰鸣的炮火声，流亡的人群顶着严寒继续向中国的大西南转移。一路上，悲壮的气氛压在每个人心间，沉沉的，透不过气来。

由于顶着寒风长途跋涉，林徽因的肺病再次复发。她发着高烧，全身滚烫无力。幸好他们在途中遇到了国立杭州笕桥中央航校的八名学员，正是由于他们的帮助，林徽因才度过了一劫。

昆明

经过 39 天的长途跋涉后，林徽因一家终于抵达了昆明。昆明的高海拔尽管让林徽因感到呼吸困难，但明媚的阳光和湛蓝的天空，又让她感受到了新的希望。

面对美丽的景色，林徽因的艺术家气质再次散发出来。她继续用华丽的辞藻，来记录着绚丽的人间美景。她不仅以此来鼓励自己，也鼓励着身边的人。

长沙临时大学也迁移到昆明，组成了西南联大，林徽因在北平的好友们又重新聚在一起了。当西南联大的校址确定下来后，学校领导邀请林徽因和梁思成营建校舍。

由于那时的财力和物力都极度匮乏，他们只能逐渐压缩成本。最后，只能以一座简陋的茅草房定稿。为此，林徽因不止一次地痛哭。在她伤感的泪水中，既是对自己的才华无法施展的遗憾，更是对无法为坚韧的学子们提供一个好的学习环境而愧疚。

不久，梁思成的脊椎软组织硬化，背部肌肉经常严重痉挛，他不得不被禁锢在小小的躺椅上。林徽因硬撑着病体操持着家务，也常常拖着病体为他细心按摩，好歹能让他稍稍缓解一点。

当年在宾夕法尼亚大学享受过无忧无虑的青春好时光，后来被人们称为“金童玉女”的这对夫妻，在苦难中并没有丧失生活的勇气，他们同心协力地解决着一个个难题。

通货膨胀这个严峻的问题，同样给林徽因一家带来了前所未有的压力。梁思成作为家中的“顶梁柱”，儒雅高贵的他，也因为贫病交加拿不出房租而感到万分难堪。

为了使梁思成少一些自责，身体虚弱的林徽因在云南大学找了一份教英文的工作。

云南大学离他们家很远，林徽因每天都要翻越四个山头才能到达。而她一个月的报酬，才 40 元法币。这份收入虽然少，但对于上有老、下有小的家庭来说，也是一笔不容小觑的数目。

在兵荒马乱中，梁思成曾经弄丢过一把测量用的皮尺，为此，他懊恼不已。在领到第一个月工资的时候，林徽因瞒着梁思成，以 23 元法币的高价，终于淘到了一把皮尺送给梁思成。梁思成望着这把来之不易的皮尺，止不住悲喜交加。

朋友们都说，林徽因思维极其敏捷，说起话来滔滔不绝。但她说的话，又绝对不是普通妇人的那种家长里短，而是有学识、有见地的对艺术的独特感悟。哪怕是批评，也是一针见血式的中肯，绝不拖泥带水，梁思成因此对她心悦诚服。

在相濡以沫的日子里，林徽因知道自己平时伶牙俐齿，一讲起话来就像机关枪一样，但对于挚爱的丈夫，她总能在第一时间了解他的烦恼和忧伤。这对知心爱人，无时无刻不在时光中为对方奉献着自己的爱。

那段时间，林徽因还挤出时间为云南大学设计了女生宿舍和食堂。

云南大学的女生宿舍和食堂分别被取名为映秋院和泽清堂。林徽因在设计的时候，注入了许多不同凡响的元素。

映秋院是女生宿舍，为了女孩们的安全，林徽因特地把它设计成像围城一样的建筑，还增加了瞭望塔。就连泽清堂的屋顶和排水设计，都有着属于她个人风格的奇思妙想。直至今日，它们依然伫立在云南大学。

生活稍稍安定后，营造学社的工作也恢复了。林徽因和梁思成等人又开始对西南地区的古建筑进行考察，继续完成他们未竟的事业。

半年之间，梁思成带领同事们跑遍了我国西南的35个县，调查了崖墓、汉阙、摩崖石刻等各类艺术建筑730余处；林徽因则留守在兴国庵这个简陋的“大本营”中主持着日常工作。

绘制的图纸和文字资料都需要林徽因及时整理，许多材料也需查证分析。原本宁静的殿堂中，因为她和同事忙碌的身影而有了生机。

林徽因和梁思成以为在昆明还要住很多年，便借了当地老乡一块地，用没有烧制的土坯砖在郊区的龙街镇亲手搭建了这一生唯一的一座简易平房。捉襟见肘的夫妻二人不光花完了所有的积蓄，还变卖了林徽因母亲的一些首饰。

在他们的计划中，这个家就是今后安身立命的地方。在战火纷飞的年代，还能拥有一个温暖的家，不是太幸福了吗？

林徽因的骨子里是极其文艺的，只要有一点可能，就要把生活装扮得阳光明媚。在逃难的途中不能保持风度地行走，如今有了遮风避雨的地方，就一定要找回高贵与优雅。

生活粗糙了岁月，心灵，却万万不能被糙化。

林徽因将野花插入陶罐中，瞬间就为房间增添了不少诗情画意。在黯淡的煤油灯下，她给孩子们讲庄子的《庖丁解牛》和《唐雎不辱使命》时，眼中闪烁的那片光亮，时刻都给儿女带来信心。

林徽因还教孩子们诵读李白、杜甫的诗，用浅显易懂的词句，解读着诗人在战乱时期的心境，也鼓励着孩子们永远不要丧失希望。

日子艰难，从容依旧。

没有学校，林徽因便让女儿再冰学着写日记，记下生活中的每段美好时光。

没有公园，林徽因就经常带孩子们去邻近的瓦窑村，看那些匠人“变戏法”。

她是一个天真的女子，她对匠人们瞬间就能转出陶盆瓦罐总是惊喜万分。但匠人们根本就不理会这个孩子气的瘦削女人，孩子们常常因此打趣她，娘儿仨便搂在一起笑作一团。

然而，当林徽因和梁思成得知营造学社之前保存在天津外国银行地下室的测绘手稿和底片惨遭洪水浸泡时，从未在孩子面前流过泪的他们竟失声痛哭起来。

一波未平一波又起。营造学社因为要依托史语所的那些书籍和资料，因而又要随史语所迁往四川李庄。

若仅仅为了糊口，林徽因和梁思成极容易在西南联合大学找一份工作。但他们都没有忘记当年热爱建筑的初心，以及寻找、研究古建筑的责任。因此，他们决定离开刚住了八个月的新家。

李庄

就在要出发时，梁思成的脚不慎感染了破伤风，只得留下治疗。虚弱的林徽因带着一家老小，又踏上了一条布满荆棘的逃难之路。

经历千难万险后，众人抵达了李庄。这是一个位于长江上游的小古镇，营造学社的十几个人来到上坝村一个叫月亮田的地方，租了一个农家院子住下。

这里的条件异常艰苦，蛇、鼠、蟑螂是家中的常客，因此时常会听到孩子们的惊叫声。每当家中有特殊的“客人”光临，林徽因总会强忍着恐惧，她必须以“保护神”的角色，去赶走那些“不速之客”。

李庄的气候异常潮湿，加上林徽因一路颠簸，身体很快又垮了下来。不久，她的肺结核复发。李庄那时不仅没有自来水，没有电，更糟糕的是，还没有医院。残酷的现实，似乎要把她逼上绝路。

接连几个月，林徽因每天晚上都持续发烧、盗汗，她挣扎着用毛巾擦汗，一晚上床边挂着七八条湿漉漉的毛巾。尽管屋外那些郁郁葱葱的竹林在无形中激发着她的斗志，但她也很怕自己忽然就离开了家人。

作为女儿，她不知道脾气古怪的母亲以后要怎样和别人相处；作为母亲，也不知道用怎样乐观的话语去安慰孩子们。因为任何话语，都和她的样子一样苍白无力。

那时，家里唯一的体温计被孩子不小心打碎后，林徽因有大半年的时间无法测量体温。在孩子们眼中，林徽因很快从一个美丽的女子，渐渐变成了一个眼窝深陷、憔悴不堪的“老妇人”。

林徽因终于撑到了梁思成到李庄的那一天。为了照顾病重的林徽因，梁思成愣是从一个完全不懂医学的人，学会了全套的护理知识。梁思成特地买回了针药，拿着针管学着给她打针；冬日的夜里，梁思成细心地看护着炉子，不让林徽因受一点凉……在他温柔的呵护下，林徽因的病情逐渐稳定起来。

生活的艰辛，挡不住内心的坚韧。即使在如此苦难的岁月里，林徽因和梁思成也一直没有停止过营造学社的工作。他们每晚都在一束豆大的煤油灯光中，和做作业的孩子们一同写着书稿。

次年，梁思成开始着手撰写《中国建筑史》。为了协助丈夫，林徽因借了一系列的《史记》《汉书》回家来看，以至于陷入其中不能自拔。梁思成调侃她，都快成为一位博学的女汉学家了。

在这个简陋的家中，随处都堆积着厚厚的《二十四史》和层层叠叠的照片、草图及其他资料。校阅书稿的艰巨任务，不消说，也由林徽因来完成。除此之外，她还在病榻上执笔撰写了五代、宋、辽、金等朝代的内容。

在夫妇俩为了同一个目标并驾齐驱的时候，他们都没有意识到，彼此的身体都早已透支了——梁思成那时只有九十多斤，林徽因则更加瘦削。二人虽然早已没有年轻时候的风姿，可他们依然孜孜不倦地每天工作到深夜，在雄心勃勃的精神状态下，依旧保持着一贯的优雅。

林徽因依然保持着爽朗的个性，还结交了不少当地的大姑娘、小媳妇。她们时不时地来到这个奇特女子的家中，饶有兴趣地看她“笨手笨脚”地蒸馒头、做果酱、腌菜……

由于他们的大部分收入都买了昂贵的药品，生活上便异常拮据。林徽因严重缺乏营养，以至于那些当地的朋友们都担心她撑不了多久。

当家里实在揭不开锅的时候，梁思成还把自己心爱的派克金笔和手表送进了当铺。他提着换来的两条草鱼回到家，开心地对林徽因说："今晚我们就吃派克金笔和金表，一个清炖，一个红烧……"

正是夫妇俩一贯的幽默和乐观的态度，使家中的气氛一直都很活跃。孩子们也在耳濡目染中，继承了他们的坚韧。

林徽因病得瘦弱不堪，而梁思成的弟弟梁思永也病得起不了床，一家人的生活难以为继。就连两个可怜的孩子，也因为冬天没有足够的御寒衣物而冻伤了手和脚。在不得已的情况下，林徽因只能流着眼泪搂着小从诫，看着梁思成咬着牙用刀子剜去小从诫脚上那些溃烂的皮肉……

那时，史语所的所长傅斯年见林徽因一家的境况太过凄惨，便连续写了好几封信给上级，请求拨付款项以补贴梁家。幸亏有了这笔拨款，才使梁家将生活维持下去。

后来，林徽因知道事情的始末后，因梁思成不在家，便亲自给傅斯年写信表达谢意。在那封信中，林徽因的文笔与心胸，都让傅斯年对她心生敬意。

更让人们折服的是，在得知美国盟军要去轰炸日本的时候，林徽因和梁思成不约而同地画出了在日本京都和奈良的历史文物的坐标，请求盟军对它们"机"下留情。

林徽因的三弟林恒与梁思成的弟弟梁思忠都在抗日战争中牺牲，他们本来有更多的理由支持盟军轰炸日本，但是，作为建筑大师，他们想得更多、看得更远。

一旦日本京都和奈良的古建筑被毁，那将是再也无法修复的。在他们眼中，无论是中国还是日本的古建筑，从广义上说，已经不是单独属于哪个国家的财富了，而是属于全世界的文化遗产。

两年后，在林徽因的大力协助下，《中国建筑史》一书得以完成。这部书第一次将原本混乱错杂、缺乏逻辑的中国古代建筑知识，用科学方法加以总结，形成了一个完整且独立于西方的体系，得到了世界范围的认可。

果实

清华

抗战胜利后，虚弱的林徽因在梁思成的陪同下，乘江轮从李庄去重庆等候检查身体。自此，她第一次离开了居住五年的李庄月亮田。

月亮田的生活经历，在林徽因的生命中是最艰苦的，可是命运对她的考验，也使她的生命更加完整和坚韧。如果说她以前只是一朵娇嫩的花儿，那么现在，她是能够对抗风雨的勇士。

林徽因来到重庆，著名的美国胸外科医生里奥·埃娄塞尔（Leo Eloesser）为她做了检查。结果让人十分沮丧，埃娄塞尔诊断出，林徽因的两片肺和一个肾都已被感染。据他预计，最多在五年内，她就会走到生命的尽头。梁思成强忍着悲伤，但林徽因依然谈笑风生，用她的方式纾解着梁思成的忧愁。

这时，美国的几所大学想聘请林徽因和梁思成去讲学，另外也可以给林徽因提供更好的医疗条件。在性命攸关之时，林徽因亦断然拒绝，她说："我们的祖国正在遭受灾难，我们不能离开她，假如我们必须死在刺刀或炸弹下，我们也要死在祖国的土地上。”如此坚定的爱国信念，让孩子们肃然起敬，以至于在多年后还记忆犹新。

随后，林徽因乘飞机到昆明休养，与她日夜思念的老朋友们又欢聚一堂了。经历了漫长的困苦岁月，如今再见到老朋友，这种久别重逢的感动，让林徽因不由得感慨万千。在给好友费慰梅的信中，她写道：“我们都老了，都有过贫病交加的经历，忍受漫长的战争和音信的隔绝，现在又面对着伟大的民族奋起和艰难的未来……我们的身体受到严重损伤，但我们的信念如故。”

字里行间透着顽强的生命力，以及对中华民族的信心，就像月亮田的青竹一样，散发出勃勃的生机。梁思成看着虽然被疾病缠身但仍然斗志昂扬的妻子，既欣慰又心疼。

人在命运面前，显得那么不堪一击。然而，即便是这样又如何呢？她始终昂起高贵的头颅，向命运挑战、与时间赛跑。

林徽因全家回到北平后，各所大学也开始正式复课了。此前，清华大学校长梅贻琦在梁思成的建议下，已经同意成立建筑系。梁思成受聘担任建筑工程学系主任。同时，梁思成又和中国营造学社合作成立了建筑研究所，由他担任所长。

在清华大学建筑系即将开学的时候，梁思成受政府教育部的委托，远赴美国考察战后的建筑教育。而系里的事，就只有交给唯一的任课老师吴良镛了。梁思成在出国时叮嘱他，需要帮助时，尽管去找林徽因商议。

吴良镛此时还没有经验，只能向病中的林徽因求助。他原本有些担心林徽因是否愿意帮忙，没想到林徽因竭尽所能地帮着吴良镛，从桌椅板凳、课程的设置，甚至第一次该怎么给学生上课，全部都安排得妥妥帖帖。

1947 年夏天，林徽因的双肺已经完全被感染，医生认为她的生命已不足一年。林徽因没有心思去伤感自己的生命已进入倒计时，她继续奋力为建筑专著编译资料，她要从死神的手里抢夺宝贵的时间。

同年 12 月，病重的林徽因不得不做了手术，摘去了一个因结核病菌侵害而几近坏死的肾脏。从昏迷中醒来后，她又成了一名坚强的“斗士”，背靠着床，趴在梁思成为她做的一个小板子上，不是画图就是写资料。

肾脏切除之后，林徽因每晚可以睡上 4 个小时，她的精神状态有了明显的恢复。作为她的贴身“护士”的梁思成又喜又忧。喜的是看见了她的好转，忧的是她总是要继续那些没有完成的工作。

国徽

在艺术熏陶中长大的林徽因和梁思成深知，只有文化才能推动祖国的发展。因此，在中华人民共和国成立前夕，夫妻俩义无反顾地留了下来。他们只想在一心投入的建筑史和艺术领域有所建树。

林徽因被聘为清华大学建筑系一级教授，她知道自己时日不多，此时支撑她的唯一信念是：一定要在生命中的最后时光做出成绩。于是，她协助梁思成完成了用英文撰写的《中国建筑史图录》书稿，初步实现了他们在学生时代就怀有的心愿。此后，夫妇二人又合作完成了许多篇专业学术论文，还为《新观察》等刊物撰写了十几篇介绍中国古建筑的通俗读物。

全国政协召开第一次全体会议时，对之前相关人员提交的国徽方案并不满意，于是又邀请林徽因等专家设计国徽。

林徽因、梁思成带着国徽设计团队，一起挤在一间不足十平方米的屋子里夜以继日地工作。那时，骨瘦如柴的林徽因与卧病在床的梁思成经常忘我地讨论着设计方案。

历时一年，他们最终用五星、麦穗、天安门、齿轮等元素设计出了国徽的样图。庄严的国徽终于被高高地悬挂在天安门的城楼上，设计小组的成员无一不为之热血沸腾、热泪涟涟。

为了纪念设计国徽时的日日夜夜，林徽因还特地把一张张的设计草图全都珍藏起来。

不久，病魔缠身的林徽因不仅为人民英雄纪念碑的碑身和碑座都设计了一系列细腻的纹饰图案，还设计了气势恢宏、庄严肃穆的八宝山革命公墓。

景泰蓝

学生们时常到家里来请教病榻上的林徽因，瘦削的林徽因毫无保留地尽心指点他们。那个时候，她一点都不像病人。只有忍不住咳嗽时，才提醒着大家她还是一名病号。

一次，身体稍稍好转的林徽因想和梁思成一起出去逛逛，二人来到北京海王村旧古玩摊时，偶然看到一只景泰蓝花瓶。当她得知景泰蓝工艺就快退出历史舞台的时候，既心疼又遗憾，便下决心要挽救这个民族瑰宝。

景泰蓝是我国著名的特种金属工艺品，本名叫“铜胎掐丝珐琅”，最早出现在元代宫廷中。发展到明代景泰年间时，其工艺达到了巅峰，因而被称为“景泰蓝”。然而，在清朝乾隆年间其已然开始衰败。

经过多次走访调研，夫妇二人决定成立清华大学营建系美术小组抢救景泰蓝。同时，她也寻觅到了极有天分的几个设计好苗子，比如钱美华、常沙娜等。

林徽因深知自己时日不多了，想尽快把自己的知识和经验传授给下一代，好将让景泰蓝工艺再放异彩。

此后，林徽因不顾身体已每况愈下，一边带着助手们到景泰蓝工厂、作坊中去观看老匠人的实际操作，一边又请对景泰蓝颇有研究的好友——著名学者沈从文先生为她的助手们讲解有关历史知识。

在设计景泰蓝图案的时候，林徽因也遇到了棘手的问题。古代的景泰蓝仅有荷花、牡丹等几种单一的图案，林徽因专门查阅了各个时代的装饰文献，最终选中了敦煌壁画的元素。

工艺美术设计原本就是林徽因的专业，因此她很快就设计出了一批构造简洁、色调明快、具有民族特色的图案。随后，她亲自赶到作坊里指导工人烧制样品，并写出了一系列的论文。最终，在她的努力下，景泰蓝的制作工艺被提升到了更高的层次，在传承的基础上也有了创新的理念。在艺术与文化之间，做到了很好的融合与平衡。

其中，林徽因设计的“祥云火珠”及“夔龙纹对罐”系列景泰蓝瓶子风格独特、色彩简洁明丽、图案浪漫异常，受到了国内外艺术家的高度赞扬。

性格

犀利

世人大多以为，做学问的人都比较刻板，但在林徽因身上，幽默、机智、乐观才是她的日常写照。除此之外，犀利，也是她独特的魅力之一。

从东北大学回到北平后，林徽因经常在周末举办家庭沙龙。满屋的名流谈论着建筑、文学、艺术等话题，她这个妙语连珠的女主人，无疑是沙龙上的焦点。

林徽因曾经这样形容自己和营造学社的同事们：就像是“死心眼”的建筑师，放弃了盖洋房的好机会，却在野外的风雨中四处寻找着让他们痴迷的古建筑。

林徽因所描绘的都是事实。在营造学社的十几年时间里，他们没有谁为自家设计过豪华的高楼大厦。林徽因对自己的要求也很高，她觉得，学识越丰富，待人才能越宽容，更能体谅种种不同的“人性”。然而，冰心写了一篇小说《我们太太的客厅》，使人们的眼光立即聚焦在林徽因家的沙龙上。

在冰心的小说中，“太太”是一个社交名媛，而那位“先生”呢，则什么事情都听太太的。他们还有一个叫“彬彬”的女儿——这些明显的字句，恰好都和林徽因家里的情况一一对应。而其他的一众名流宾客，描写得也非常形象，读者很容易就能让他们对号入座。

在冰心的小说中，有一位常常说着“好久不见”的中年名流，读者一看，就知道是暗指胡适；还有一位是风流多情的瘦削诗人，毫无疑问，描写的正是徐志摩。而多情的徐志摩，一直就被传与林徽因、陆小曼、凌叔华等几位才貌双全的女子都有暧昧，大家也不难看出指的是他；除此之外，冰心还用讥讽的字眼，逐一描写了林徽因沙龙上的其他贵宾：钱端升、金岳霖，以及和林徽因、梁思成关系极好的一对美国夫妇——费正清和费慰梅。

出身名门的林徽因自有她的执拗，对自己的母亲可以逆来顺受，但绝不会对一个外人逆来顺受。这时，她在小时候管理家庭的那种干脆利落的魄力，又在这种特殊情况下展现出来了。

因此，当林徽因发现自己和丈夫的名誉受损时，她即便不和冰心在报刊上展开骂战，也会用其他犀利的方式来进行有力的回击。

除了托人送一坛山西陈醋给冰心，让她自己体会一下藏于内心深处的“醋意”之外，在冰心连载小说《我们太太的客厅》第 5 期发表前，林徽因还特意赶出了一篇名为《闲谈关于古代建筑的一点消息（附梁思成君通讯四则）》的稿子，发在了《文艺副刊》上。

在文章中，林徽因详细地记录了梁思成和同事们在山西应县的考察经历，把一个醉心专业、抛弃海外安稳生活的真实的梁思成，原原本本地展现在读者面前。

在日常生活中，林徽因也有烦恼，但都不是关于柴米油盐的。在给好友沈从文的信中，她曾表示：担心自己的身体不好，最怕自己沦为一个平常的、碌碌无为的主妇。因此她十分痛恨那些打牌喝茶式的应酬，被虚掷掉的光阴，会让她十分痛心。

侠义

1944年，那是一个战火纷飞的年代，日本军队占领贵州，直逼重庆，此时林徽因一家还在四川宜宾的李庄。梁从诫问母亲林徽因："日本人要是打进四川，你们怎么办？"林徽因淡淡地回答："总还有一条后路，家门口不就是扬子江吗？"听完母亲的回答，梁从诫慌了："我在重庆上学，你们不管我啦？"林徽因很抱歉地说："真要到了那一步，就顾不上你了。"

后来，梁从诫回忆与母亲的这段对话时说道："我被母亲的凛然之气震动了。第一次忽然觉得她好像不再是妈妈，而是变成了另外一个别人。"林徽因的冷静和坚强，不是任何一个普通人可以与之相提并论的。

因为父母的关系，梁再冰在高考的时候首选的学校就是清华大学。为了能顺利考上，梁再冰日夜奋战。可是放榜当日，林徽因一家全都懵了：梁再冰竟然没有考上！这样的结果是林徽因怎么也没想到的，听到消息后的她在原地愣了很久，而女儿梁再冰则更是一脸的难以置信。

林徽因却并不甘心，当晚，她和梁思成商量了很久，商量的结果是：他们决定调出女儿的试卷看看是否有疏漏。林徽因按程序请人调阅女儿的试卷后，没有发现卷子中有错判、漏判情况。女儿望着她，眼里充满乞求。要知道清华建筑系是梁思成和林徽因一手创建的，而梁思成当时还是系主任。要开个后门，似乎是很容易的事。但林徽因对女儿说了五个字："不能那样做。"林徽因是个好强的女子，也是个极有原则的人，对于大学的规章制度，她只会是坚定的执行者、守护者。

浪漫

在林徽因的一生中，对诗文、书法、绘画创作的热情始终不减。早在20世纪30年代，她在中国新诗诗坛上的名气就非常大，甚至湮没了她在建筑专业上的成就。

在寻找古建筑的过程中，路上的山山水水、花花草草，都激发了她盎然的诗情，捕捉到美丽精彩的各个瞬间，给后来的学者留下了宝贵的精神财富。

除了学术上专业的文字之外，一直以来，林徽因还拥有浪漫的情怀。对于目之所及，总不吝用最美的词句去形容和赞美。

尤其，她喜欢在夜里写诗。燃一炷清香，对着几枝繁花，着一袭白裳，然后提笔将心中美妙的字句倾泻出来。年轻时的她，是自信的；病后的她，却是自怜的。梁思成知道，无论她多么自信或自怜，他都爱极了她。他们的精神，早已经融为一体。

林徽因在勘察古建筑时，由于她有着与众不同的诗意的笔触，对古建筑的印象，也像极了诗词般的美好和细腻。在林徽因的世界里，美丽的建筑恰似一首首浪漫的诗和一幅幅绚烂的画作；而在诗里，她也很自然地融入了建筑的特色和浓郁的色彩。

林徽因的诗文大多是以自然景象入笔，然后再深入内心去捕捉和表达情感。她恰到好处地把建筑、文字和绘画艺术糅合在一起，这也是她的诗文总会令人耳目一新的原因之一。

在 1931 年徐志摩去世后，林徽因发表了一首颇有新月风格的新诗《你是人间的四月天》：

我说你是人间的四月天；
笑响点亮了四面风；轻灵
在春的光艳中交舞着变。

你是四月早天里的云烟，
黄昏吹着风的软，
星子在
无意中闪，细雨点洒在花前。
那轻，那娉婷，你是，鲜妍
百花的冠冕你戴着，
你是天真，庄严，你是夜夜的月圆。
雪化后那片鹅黄，你像；
新鲜初放芽的绿，你是；
柔嫩喜悦，
水光浮动着你梦期待中白莲。
你是一树一树的花开，
是燕在梁间呢喃，
你是爱，是暖，是希望，
你是人间的四月天！

这首诗一经发表，就受到了读者们的喜爱。同时，人们也在猜测林徽因创作它的灵感来源。

一部分人认为是林徽因为了纪念已故的徐志摩而写的，也有一部分读者推测是她为了儿子梁从诫的到来而真情流露的佳作……无论是哪一种原因，这首诗都给人带来了温暖与爱，让人们看到了无限的希望。

在林徽因的生命中，诗歌不仅仅是辞藻的堆砌，更是对生命的一种热爱。在留居昆明乡村期间，面对生活的艰苦，林徽因也写了不少诗，如《除夕看花》《茶铺》《小楼》《对残枝》《对北门街园子》等。对她来说，一首首发自心底的诗，便是她对生活的态度。

落幕

1955 年 3 月底，林徽因在同仁医院接受治疗，此时她的器官已经严重衰竭。深夜两点，她用极其微弱的声音对护士说，她想见一见住在隔壁病房的梁思成。但因为太晚了，护士跟她说明天再说。遗憾的是，林徽因很快就深度昏迷，想对风雨同舟 27 年的丈夫说的话，再也没有机会说出了。

4 月 1 日 6 时 20 分，林徽因永远地合上了双眼，结束了她充盈而闪亮的一生。梁思成悲痛欲绝，握着她冰冷的手，哭到不能自已。

脆弱的生命、美好的爱情、曾经的绝代风华，在病魔的席卷下，被统统画上了句号。

在林徽因的追悼仪式上，挚友金岳霖和邓以蛰联名撰写的挽联："一身诗意千寻瀑，万古人间四月天"，寥寥数字就描绘出了林徽因的一生，被人们传诵至今。

林徽因的遗体被安葬在八宝山革命公墓。人民英雄纪念碑建设委员会的所有成员决定，把她当初亲手设计的、那方富有浓郁民族风格的汉白玉当作她的墓碑。

梁思成按照林徽因生前的遗愿，亲自为爱妻设计了整个墓地，并将她的光荣与信念，都一并埋葬于此。

就像那句“你是人间的四月天”一样，林徽因留下了她的精神与风骨。而她那优雅的身姿，也将继续像春风般温暖着整个世界……

一生爱好是天然

张充和

临江仙

题张充和

古墨芭蕉颜字，初识昆曲惊鸿。
谁邀明月苦相逢。
蕙心描仕女，携手共从容。
雅韵四时充美，张弛舒卷和风。
家国尘事已朦胧。
弦音清梦远，国粹为情浓。

在民国才女中，多才多艺的张充和先生是不得不提的一位。她除了在诗词、书法、乐器及国画各方面都颇有建树之外，在昆曲界更是赫赫有名。

昆曲发源于14世纪，最早出现在江苏昆山一带。它以行腔婉转、表演细腻、曲词典雅等特点著称，是我国的“百戏之祖”。在张充和先生的生命中，昆曲占据了非常重要的位置，与她相伴了大半生。

她是著名的“合肥四姐妹”中的四小姐，在家人的影响下，她得到了昆曲的浸润，并因为有着独特的唱腔以及对昆曲的满腔赤诚而为人所熟知。

张充和婚后与丈夫远渡重洋，在异国他乡一直呕心沥血地致力于传播昆曲这块中华艺术瑰宝，使昆曲在国外也扎了根，并得以开枝散叶……

家世

清朝末年，合肥有户大名鼎鼎的张家，当家人是淮军主将、两广总督署直隶总督张树声，他历任道台、按察使、通商事务大臣等职。张树声在合肥置下了万顷良田，成了富甲一方的大地主。

其子张华奎在重庆任川东道台期间，因操劳过度咯血而死。刚九岁的长子张冀牖便随母亲迁回了合肥老宅。

张冀牖长大成人后，迎娶了富商家的千金小姐陆英。陆英不仅天生丽质，而且贤良淑德。除了为张家开枝散叶之外，还把这个大家庭打理得井井有条。

作为名人之后，洁身自好的张冀牖在新思想的影响下，深知教育和环境对后代的重要性。为了不让自己的孩子染上富家子弟那些不良习气，便带着一家老小迁到了上海。那时，他和陆英已经有了三个聪明伶俐的女儿。

张充和是在上海出生的。11个月时，被合肥老宅的一位叔祖母收养。叔祖母叫李识修，出身官宦名门，是晚清重臣李鸿章的亲侄女。她命运多舛，在丈夫、女儿、外孙都相继去世后，便皈依了佛门。自从收养了张充和之后，她把所有的爱都给了小充和，也开始悉心给这个聪明伶俐的孙女启蒙。

老宅庭院幽静，除了四季的花草清香外，前院还有挺立百年的梧桐树。每当微风吹过，梧桐叶便沙沙作响。后院还有郁郁葱葱的芭蕉树，雨滴落在芭蕉叶上，总能奏出不一样的乐章来。小充和便是在梧桐、芭蕉的新旧更迭中，学会了走路和说话。

小充和大些之后，叔祖母又特地请来吴昌硕先生的高足、考古学家朱谟钦和举人左履宽，分别教她国画、书法和国学、诗词。于是，充和又学会了写诗、填词及奏笛、吹箫。

在宽敞的书房里，有叔祖父生前留下的许多古书。虽然那些书已经泛黄，但充和却喜欢极了。由于张家大院里没有小伙伴，这些书也就成了可以和她“说话”的好朋友。

在这里，小充和逐渐阅读了《十三经》《二十四史》，以及宋元时期的剧本和明清小说。最让她感兴趣的是《桃花扇》《牡丹亭》等戏曲小说，那些唯美的句子，竟让她没来由地着了迷：

原来姹紫嫣红开遍，似这般都付与断井颓垣。良辰美景奈何天，赏心乐事谁家院！朝飞暮卷，云霞翠轩，雨丝风片，烟波画船，锦屏人忒看的这韶光贱……

吟诵着这些唱词，她也开始懵懵懂懂地幻想着各种角色的形象。

小充和在老家宅院渐渐长大，其间，回到父母身边团聚的次数非常少。8 岁时，因亲生母亲陆英去世，她随叔祖母回过一趟苏州老家。

14 岁这年，叔祖母又带她回了一趟苏州。那时，充和父亲已经把家搬到了九如巷。

天有不测风云，温婉可亲的叔祖母在这一年竟一病不起。张充和日夜陪伴着越来越虚弱的叔祖母，祈祷她快些好起来。叔祖母临终前，将许多土地和房屋契据都留给了充和。充和泣不成声，叔祖母临终前不忘叮嘱她，无论今后的境遇如何，都要记得保持优雅与慈悲……

张充和满脸泪水，一字一句地背诵着叔祖母最喜欢听的《史记》。叔祖母终究还是离她而去了，充和的心像是被针扎一般疼痛。叔祖母的离世让充和措手不及，她跟着大病了一场。

病好之后，张充和带着无限的留恋离开了合肥的老宅，一路舟车终于到了苏州。这时，她已经是一位 16 岁的少女了。

张充和是张家的“和”字辈，这一代共有十姐弟。张充和与姐姐们的名字都是“儿”字底的，这是父亲希望她们长大以后，能把内心的格局放大，迈开“腿儿”走出家门去，才能看到世界的精彩；弟弟们的名字都是宝盖头的，父亲希望他们不管走多远，都要记住家在何方、根在何处。

在这个枝繁叶茂的大家庭里，姐弟们都快乐地按照自己的兴趣去学习，待人接物也都儒雅有礼。这种温馨热闹，与合肥张家老宅的冷寂有太多的不同。张充和走到哪里，都有姐弟陪伴。画廊水榭、亭台楼阁，一路上都叽叽喳喳的，好不热闹。

张充和谈吐不凡，姐弟们都很喜欢她。只不过，由于姐弟们接受的都是新式教育，而充和自小就浸淫在传统文化中，因此偶尔会感觉到一丝丝距离。每当这个时候，她便会找一处安静的地方独自看书。而这个地方，就是二楼的那间大库房。

张充和的父亲张冀牖因为祖辈曾受命于朝廷镇压过起义军一事而一直心存愧疚，因此他发誓不入官场。为了实现先辈“育才于学堂，议政于议院”的遗愿，他决心将所有的财力都用来办学培养人才。

张冀牖变卖了部分家产，先后创办了乐益女中和平林中学，并且对家境贫寒的学生实行全额免费的优厚待遇。这种种无私的作为，都让张充和对父亲肃然起敬。

不久，张充和进了自家的乐益女中就读。张宅与学校只隔着一道月洞门。对于从小就被旧式文化和教育浸染的充和而言，门里门外，是截然不同的两个世界。

乐益女中施行的是新式教育理念，张充和虽然对昆曲、美术、戏剧等科目有着浓厚的兴趣，但她总感觉在那样的校园里，嘈杂有余而静雅不足。那时的张充和，还是觉得在独立行走多年的“旧世界”里更舒坦、更安然。因此，她依然常常沉浸在古籍和碑帖中，去体验那特有的美妙。

昆曲

张家

在张家，除了孩子们和用人们都可以随便看书这个“奇特”的现象让张充和惊诧之外，让她更加“大开眼界”的事，便是昆曲名师来家里授课的传统了。

冥冥之中，昆曲又向张充和打开了另一个色彩斑斓的新世界。

苏州是昆曲的发源地，张冀牖自从迁到上海后，就和夫人陆英迷上了美妙的昆曲。由于家中的园子足够大，他便经常将有名的昆曲大师请到家里来表演。陆英去世后，填房夫人韦均一也同样迷恋昆曲，所以，昆曲大师来张家授课、表演的传统，也就一直保持下来。

大姐元和与二姐允和都在上海光华大学念书，她们在学校里也自发组织了昆曲学习小组。只要回苏州，她们就会在家中“登台”表演。姐弟们一番隆重装扮后依次登场，直把张充和看得眼花缭乱。

端庄美丽的大姐元和、干脆利落的二姐允和、俏皮可爱的三姐兆和，以及英气逼人的弟弟们，唱念做打无不精彩。

在雅美绝伦的昆曲中，张充和以前在合肥老宅里吟诵的戏文，居然在舞台上一一涌现出来，这让张充和十分惊诧。原来，以前看过的那些唯美的戏文，都是通过这种细腻的音调唱出来的！

这个发现，让张充和更加高兴了。她仔细翻阅着古色古香的工尺谱，或是用笛、箫吹一曲优美的旋律，哼一段婉转典雅的水磨腔……

在昆曲的召唤下，张充和开始在乐益女中的昆曲课堂上学昆曲了。一开始，她是和几个同学一块儿跟着老师学。学着学着，她就感觉老师讲的内容已经不能满足她的求知欲了。

张充和如此聪慧，也让张冀牖感到意外。他暗暗高兴，又特地给张充和请了有名的昆曲大师沈传芷来家中为她授课。沈先生出身于昆剧世家，家中长辈皆为清末苏州昆班名角。因而，他除了老生之外，小生、冠生、正旦、花旦、小旦的戏都会唱。那时的沈传芷还不到三十岁，对昆曲表演的感悟却已经很独到了。

他在说戏时，常常让张充和佩服得五体投地。他经常说：演戏不是演身段，而是要动脑子，演出人物的内心。这番话被张充和一直铭记于心，让她受益匪浅。

父亲见张充和对昆曲确有异于常人的天分，又不惜重金请来素有“江南笛王”美誉的李荣鑫教她度曲。在多年的实践中，李荣鑫已经积累了丰富的昆曲表演经验。他不仅能熟背三百多出昆曲主戏，还能吹打两百多套曲牌；他有着前、后、左、右、正、反六种吹笛手法，并且笛声也异常动听。正因如此，他享有昆曲界“江南笛王”的美誉。

由于充和幼时就从叔祖母那里学了一些吹奏笛箫的基础，在李先生的悉心指导下，她的笛艺突飞猛进，也掌握了李氏“笛韵”的精妙之处。

这时的张充和回过头来琢磨着这一切，仿佛从合肥的古宅开始，就已经有一根无形的丝线，把她的命运和昆曲牵在一起了。如今，显然是水到渠成，她得以在昆曲中惬意徜徉了。

在其他姐弟的眼里，张充和是一个为昆曲着了魔的“戏痴女子”。她不仅每晚都要坚持一遍又一遍地对着工尺谱拍着节拍唱着新曲，直到有了一点进步才肯去睡。并且，她还对每一出昆曲的工尺谱，都要用小楷细细地抄一遍，以加深对曲子的印象。

通过和昆曲“相依相恋”的日子，充和已经确定了未来的方向，于是她写下了“昆曲是最爱，知己非干情”的诗句来表明她的终身志向。

功夫不负有心人，张充和在昆曲表演上有了质的飞跃，姐姐们便不由分说地拉着她成立了幔亭曲社。她经常与大姐元和在折子戏《牡丹亭·惊梦》中唱对手戏，分饰男女主角。她的一颦一笑、眼角眉梢都是戏，不知迷倒了多少观众。

张家的四姐妹才貌双全，学识俱佳，想追求她们的世家子弟多得数不胜数。著名作家叶圣陶先生是张家的老朋友，他曾这样预测过：“九如巷张家的四个才女，谁娶了她们都会幸福一辈子。”

张冀牖极其开明，从不干涉孩子们的婚恋自由。在他看来，只要是人品过关、家世清白就没什么问题。1933 年 4 月底，二姐允和与相恋两年的周有光举行了简单而隆重的婚礼。盛装登台的张充和为了祝福他们，献上了经典的《西厢记·佳期》。

那天，眼波流转的张充和一开口，便惊艳了在场的所有嘉宾。张充和的唱腔仿佛来自天籁，超凡脱俗得不带一丝烟火气。她的表演，无意中成了婚礼上最为浓墨重彩的一笔，也让这场婚礼传为佳话。

北平

张充和与三姐兆和最是亲密，姐妹俩无话不谈。彼时，三姐兆和终于对追求她多年的老师沈从文“缴械投降”了，答应嫁给他。

这时的沈从文要到北平协助编撰中小学语文教科书，他就把婚礼安排在了北平中央公园。此后，张充和便跟着三姐留在北平，并在三姐和姐夫的建议下报考了北京大学。

考试的成绩让人啼笑皆非：国文、史地和英文都考得非常好，数学却是零分。

张充和并不焦虑，她还偷着乐，因为她是用“张旋”这个假名字去报考的。即使落榜，别人也不会耻笑姐姐和姐夫。若是不能进北大，那就在昆曲中继续绽放自己的生命吧。

张充和这种“不焦虑”的底气，一是来自叔祖母给她的那些殷实家产，二是得益于传统文化带给她的滋养。一个女子，除了在经济上可以独立之外，还要有丰富的精神世界做支撑，才会拥有这份底气十足的优雅与从容。

张充和本以为自己与北大无缘，谁知，北大国文系主任胡适先生看了“张旋”的满分语文卷后竟爱不释手。娟秀的笔迹和近乎完美的答案，尤其那篇名为《我的中学生活》的作文，写得神采飞扬，令他十分震撼。于是他力排众议，破格录取了这位名叫“张旋”的偏科生。

进了北大，张充和似乎完成了一件人生大事。但没有昆曲的日子对于张充和而言，始终味同嚼蜡。于是，她一方面在北大跟随胡适、钱穆、冯友兰、闻一多、刘文典等名师上文化课，另一方面又四处打听昆曲课程。

这时，在清华大学上学的大弟宗和恰好认识一些昆曲的同好，得知清华大学有俞平伯先生发起的谷音社，充和便经常跑去认真聆听。在谷音社，还有不少熟人和朋友，诗人卞之琳也是她和大弟的曲友。

在北大的那些日子里，充和与宗和姐弟俩还时不时地从北平跑到青岛、上海、南京等地去参加曲会，唱得不亦乐乎。似乎，除了昆曲能让他们义无反顾之外，其他所有的凡尘琐事，都只不过是过眼云烟。

在参加青岛曲会时，张充和在曲友家认识了一位名叫孙凤竹的美丽女子。她聪慧文雅，手抄的工尺谱婉转秀劲、妙不可言，竟让充和为之赞叹。率真的充和直呼相见恨晚，便将她介绍给了大弟宗和，成了一段佳话。

张充和为了能在舞台上尽善尽美地表演昆曲，经常都要练习到凌晨。时间一长，她单薄的身子就渐渐吃不消了。

上大三这一年，张充和不幸染上了肺病。她不断地发烧、咳嗽，不得不暂时离开清华的昆曲班。张充和向北大递交休学申请后，去了北平的香山养病。

在常人看来，香山的环境清幽，是一个养病的好地方，但是张充和却心有“杂念”。虽然这里可以看书临帖、写诗填词，但缺少昆曲的时光究竟还是缺少一些亮丽的色彩。在疾病缠身的时光中，张充和笔下的《菩萨蛮》也有了不同往日的一丝愁绪和悲苦：

松林月黑风初动，空山红烛摇归梦。
归梦正凄迷，孤村响夜鸡。
生离长恻恻，魂断幽燕客。
鸱鸟啸长空，寒泉咽晓钟。

病中的词句强烈地表达了张充和思念故土、思念昆曲的那份情怀。于是，她坚持回了苏州，她要回去寻找那快要失去的“灵魂”。

苏州

父亲与继母都是戏迷，自然能体会张充和的心情。于是，父亲又特地请来被誉为“昆曲大王”的北方旦角韩世昌及张传芳来教导她。

韩先生曾率领二十多位昆曲名角应邀到日本演出，场场爆满，观众们掌声雷鸣。

那时的张充和不能登台演出，但是能听一听优雅婉转的声腔，看一看大师们传神细腻的表演，对她来说，就是一剂最好的良药。

身体逐渐恢复后，正值妙龄的张充和有幸与韩先生同台合演了《牡丹亭·游园》。张充和以为韩先生会让她扮演春香，谁知，韩先生却鼓励她扮主角杜丽娘。张充和既兴奋又感动，同时也有些忐忑。毕竟，杜丽娘的戏份非常重，万一演砸了，可是会连累先生的名声啊！

韩先生却执着地认为，张充和已经具备了出演杜丽娘的资格，因而极力鼓励她。恭敬不如从命，张充和只好做足功课，硬着头皮上了台。随着那次表演，师徒俩的名气又传遍了大江南北。

而张充和也从韩先生的身上，领悟到了一位老伶工的真本事。

年事已高的韩先生在台上扮演春香时，把小丫头活泼可爱的伶俐劲儿表现得惟妙惟肖，也让张充和感觉到了“神似”与“形似”的区别。前辈对剧本人物的理解和刻画，也让她有了更深的感触——在老一辈艺人的心目中，每个角色都是重要的，并没有所谓的“主次”。

随着不断的打磨与锤炼，张充和的表演获得了更多的赞誉。在十个姐弟中，这时的她已是昆曲表演中的翘楚了。

有一阵子，张充和甚至还每夜在苏州拙政园里的一只兰舟上尽情地唱昆曲。昆曲于她，如酒般使她沉醉，似花一样让她芬芳。

张充和的一曲《芦林》，竟然看得观众纷纷落泪。这种情况，在当时的昆曲界并不多见。可见，张充和已经完全融入了角色中，舞台上的她已不再是张家四小姐了。

随着张充和的声名鹊起，除了苏州之外，她还应邀去江浙多地表演。舞台上的她唱腔优美，身段优雅，表演丝丝入扣，引得无数人为她喝彩。

昆明

随着“七七事变”的爆发，宁静的日子结束了，全国开始陷入了连绵的战火中。北方各大高校的师生，都纷纷向南方迁移。

张充和带着视若珍宝的笔墨纸砚，与众人一起辗转南下。途中所有的颠沛流离，她都淡然面对。仿佛只要身边有那些亲切的文房四宝和工尺谱，她便像是有了护身符一般笃定。她一直都记得叔祖母临终前对她的期许，一路上不管多么艰辛和落魄，她骨子里依旧有那份优雅支撑着。

全国学术界的精英都在昆明会合了。西南联合大学成立后，沈从文担任西南联大的教授，同时还要继续主编国民政府教育部的《中学国文教科书》。他负责编辑小说部分，朱自清负责编辑散文部分。有着深厚古典文学底蕴的张充和，负责编辑中国的传统诗词与戏曲。

课余时间，张充和亦和西南联大的师生一同拍曲。那绵软的韵律、婉转细腻的嗓音，余音绕梁，使大家在贫瘠的生活中有了许多精神慰藉。

在张充和的窗外，一条蜿蜒的小路通往山下，下边就是史语所所在的靛花巷。因而，时常会有著名的学者们顺着小道上来，和杨振声、沈从文等人聊天。后来，由于日机频繁的轰炸，张充和与大家不得不搬到僻静的呈贡县（现为呈贡区）龙街。

这里美极了，从龙街遥望远方，便是一片辽阔的天空。天际尽头，是美丽的滇池。张充和迷上了这里的景致，如果没有炮火声，这就是名副其实的世外桃源。

当地淳朴的民风也让人着实喜欢。张充和常常会看到，乡里那些穿着滚黑边红袄的女子，或是在附近果园里忙碌，或是在野花点映的秧田里劳作，那些画面煞是惊艳。

在清苦的岁月里，最令张充和开心的是，她居然和古琴演奏家查先生意外重逢了！担心再和查先生失之交臂，张充和便立即提出要向查先生学习弹奏古琴。而查先生恰好也想请张充和传授他昆曲。于是，他们便成了亦师亦友的忘年交。

在文房四宝及古琴、昆曲的陪伴下，张充和没有普通人在战乱时期的那种凄惶的感受。这也不难理解，当一个人的精神需求超过对物质的追求后，便会忽略外部条件而很容易找到内心真正的乐趣。

有一段时间，张充和借住在呈贡的云龙庵，条件异常艰苦，她却自有对策。张充和用两只空油桶和一块长木板搭成了一个长案几，平时就坐在蒲团上写字。那时，她曾作过一首诗：

酒阑琴罢漫思家，
小坐蒲团听落花。
一曲潇湘云水过，
见龙新水宝红茶。

看，这是多么闲淡的心情——纵然外面硝烟不断，我仍可以闲听落花。

张充和的生活方式其实和过去并没有太大的差别，在闲暇时光里，她依旧会和好友们一起品茶、弹琴、唱曲。即便身处战火纷飞之中，她也能把日子过成诗一般的浪漫。这般清雅淡然的胸怀，也正是文人的精神吧。

张充和此时已经27岁，在旁人眼中，她是一个不折不扣的“老姑娘”。但她一点也不着急，拒绝了不少追求者，好友们不禁问她究竟想找个什么样的男子。充和莞尔，她要找的是那种能让她有心跳感觉的人。

那时的张充和，有着丰厚的遗产傍身，已经不用为了生存而去“结婚”了。如果没有遇见自己心仪的人，还不如就这么单身下去。除此之外，“艺术”也是给她单身勇气的另一个来源。

张充和的内心一直被书法、昆曲和诗词这些美妙的艺术包围着，哪里还会感觉到凄苦和无奈呢？这恐怕也是一个在艺术上有所坚持的女子和普通女子的最大区别：精神世界的充盈，可以使她更加自由。

重庆

教科书的编选工作完成后，张充和被邀请到了重庆。她在礼乐馆的音乐教育委员会做事，重新整理、编订我国的礼乐书籍。

在那里，张充和为中学教材翻译昆曲的工尺谱，并编成容易识别的五线谱。这对于她来说，犹如囊中取物一样容易。这又是一举两得的好事，因为，刚好可以练书法。

张充和花了两年的时间，从中国古代不同时期的《乐志》中挑选整理了二十四首诗词，再找作曲家谱上曲，供公共大典或外交场合中使用。

张充和陆续整理出的礼乐，全部用毛笔精心书写而成。笔法雅致之极，让清华大学的校长梅贻琦赞叹不已。后来，梅校长还将此事郑重地写进了清华日记里。

张充和以前从未到过重庆，然而重庆对于她来说，却因为祖父张华奎生前曾在这里留下功绩，而有着不同寻常的意义。由于这份亲情，张充和亲自考察了祖父在重庆的事迹，并写下《张华奎传》，以慰张家先祖。

这段经历，也让张充和对生命、对艺术都有了与从前不同的感受。那段时间，她还作了一首七律：

寻幽不觉入山深，翠雾笼寒月半明。

细细清泉流梦去，沉沉夜色压肩行。
十分冷淡存知己，一曲微茫度此生。
戏可逢场灯可尽，空明犹喜一潭星。

其中，颈联的内容最能体现张充和那时的处世态度及心境：只要有昆曲相伴，便与世无争，这也是人生最好的状态。

张充和常常想，人与人之间的距离，切不可因为利益来定远近亲疏。那样的人，过于世俗，不会有真心。假若没有遇见知己，也可以依靠自身丰盈的灵魂，温暖地度过这一生。很多时候，温暖、自信、快乐，这些都是自己给予自己的。若是全靠别人去“懂得”，未免过于奢求。

残酷的战争并不能阻止文人之间的交流，他们经常举办文化沙龙。彼此间诗词唱和、舞文弄墨，好不惬意。文人的快乐，是常人所不能理解的。越是在暗无天日的逆境中，越要激发出心中的阳光来。

昆曲像是一粒种子，在张充和的“耕耘”下，在重庆这片沃土中渐渐发了芽、开了花。

当时，一位酷爱昆曲的高官开办了一个重庆曲社，许多昆曲同好都加入其中。张充和更是不例外，很快就成为曲社的台柱子。并且，她还在国立师范学校为学生们传授昆曲。

重庆的文化活动多姿多彩，每两个星期，张充和都要到曲社排练和演出。那段时间，她唱得最多的是《游园惊梦》《刺虎》《思凡》《断桥》等昆曲名段。

有一次，教育部要在礼乐馆举办文艺活动，他们邀请到张充和饰演昆曲《刺虎》中的费宫女，合作者是另一位昆曲大师姜作栋。这出戏讲述明朝灭亡之后，一位宫娥刺杀李闯王大将“一只虎”的故事，颇有抗敌救国的气氛。由于临时找不到龙套演员，四位高官便主动为张充和跑龙套。

开场的锣鼓响起后，四位龙套轮番上场，台下观众认出了他们，便一起鼓掌示意。四位临时演员不停地向大家鞠躬致谢，又引来更热烈的掌声。

落幕后，观众们久久不愿散去，张充和与其他演员几番谢幕致敬。他们在台上的唱做俱佳，令人难以忘怀。演出结束后，其中一位叫卢前的“龙套”，即兴在张充和随身携带的《曲人鸿爪》这个册子里赠诗：

鲍老参军发浩歌，
绿腰长袖舞婆娑。
场头第一吾侪事，
龙套生涯本色多。

《曲人鸿爪》是张充和亲手制作的一本书画册子。从她开始作为票友第一次登台演出昆曲后，就在这本册子上陆续收集了无数曲人在交往中题赠给她的书画。

张充和与工书画、擅昆曲的继母韦均一感情颇深，她们常在一起唱曲和绘画。一次，继母一时兴起，在《曲人鸿爪》里画了一幅名为“充和吹笛”的侍女图。在画美人的嘴唇时，正好有客人到访，韦均一仓促之间笔头一闪，朱唇就成了一个红点。这倒是“歪打正着”，平添了几分雅趣。

在张充和的这本册子中，不仅有著名的曲家名伶，也有普通的昆曲爱好者。它像极了一匹鲜艳夺目的民国长卷，众多风流人物的墨迹都留存于此，见证着她在硝烟弥漫的岁月中难忘的痕迹。

平日里，张充和待人极其随和，但在这个册子里，却有她自己的原则：并不是每个名人，都可以收录入册的。

就像张大千，他与张充和交情很深，并且张大千还经常为她作画。在他作的一幅画中，张充和虽然只是一个身穿戏服、云髻广袖的苗条背影，但却异常灵动。寥寥数笔，便把她的特点表现得淋漓尽致，但张大千却并没有被收录入册。原因很简单，只因他不属于曲人。

不久，张充和在重庆国泰大剧院的义演中，再次主演昆曲《游园惊梦》。台上的她媚眼如丝，水袖柔婉，让在场的观众为之陶醉。这次演出，轰动了整个山城。

张充和的唱腔非常特别，恰是正宗的“水磨腔”。她每一句的依字行腔都异常细致柔婉，由此影响了不少昆曲爱好者。而她独具韵味的唱腔，在当时的圈子里也成了标准的“模板”。她声腔慵懒娇媚，声声传情，无人可及。那些日子，张充和还灌过几张唱片。

张充和多才多艺，品貌俱佳，许多社会名流都非常欣赏她。学贯中西的章士钊先生被张充和的才学深深折服，兴起之下，他也为张充和写了一首诗：

文姬流落于谁事，十八胡笳只自怜。

章士钊先生在诗中将张充和比作东汉时期的大才女蔡文姬。但心直口快的张充和对这个称赞却并不买账，直接向章先生提出了“抗议”。因为蔡文姬虽然擅诗词、精通音律，但后来却远嫁匈奴，在没有亲人的异域他乡生活了许多年，也着实凄苦。

章士钊先生没料到张充和是这么率性的女子，反而更加欣赏她。大书法家沈尹默先生对张充和的表演也大为惊叹，不久，也为她和了一首七绝：

四弦拨尽情难尽，
意足无声胜有声。
今古悲欢终了了，
为谁合眼想平生。

除了这些名流称赞，就连戏剧家焦菊隐，也夸赞张充和为当代的李清照。对于这些前辈的赞誉，张充和深感惭愧，只得越发勤奋。

而山城重庆，也因为这五年有张充和的昆曲，而有了难忘的时光。曾经盛况空前的演出，曾经绕梁不绝的余音，也在似水流年中成了经典。

姻缘

初识

抗战胜利后，张充和回到上海与姐弟们团聚。令人遗憾的是，他们的父亲张冀牖已经去世几年了。饱含辛酸的一大家子端坐在一家照相馆里，拍了几张久别重逢的全家福。

不久，联合国教科文组织的工作人员来到苏州考察昆曲，并定在拙政园里观看演出。为了让昆曲这门凝聚着国人几百年智慧的艺术瑰宝发扬光大、走向世界，张充和与一众曲友精心准备后上了台。

张充和全力以赴，在接连演到第六场时，她累得口吐鲜血。直到这时，她才下台休息。有些朋友不理解她：为了上台演戏，值得这么拼吗？病中的张充和极度虚弱，态度却异常坚定，她说，这是“演戏”，但又不仅仅是“演戏”。

自从与昆曲结下了不解之缘后，张充和便深深地意识到，昆曲已经在无形中赋予了她神圣的使命，那便是无条件地将它传承下去。哪怕是把命给了昆曲，她也是甘之如饴的。

后来，张充和在三姐和三姐夫沈从文的力荐下，受邀到北京大学开设昆曲和书法课程。她依旧住在三姐家，而这次，她终于遇到了她的“真命天子”。

那时，诸如朱光潜、梅贻琦、贺麟、杨振声、卞之琳等文化界的名流，常去参加沈家的沙龙。一位德裔美籍汉学家非常钦佩沈从文，通过季羡林先生的介绍，到沈从文家来拜访。沈从文和他一见如故，相谈甚欢。从那之后，这位洋学者便经常跑到沈家，向沈从文学习中文。

这位洋学者的中文名叫傅汉斯，他的父亲和舅舅都是欧洲古典文学界的泰斗。傅汉斯精通德、法、英、意语言，并有很高的文学涵养，在加利福尼亚大学伯克利分校获博士学位后，留校担任罗曼语文学副教授。北京大学校长胡适先生欣赏他的才华，邀请他到北京大学西语系任教。

入夏时分，傅汉斯又到沈家拜访。这一次，他在沈家看见了一个眉眼弯弯的淡雅女子，像极了中国宋代古画上的人物。

傅汉斯从事中国历史、文学的研究已经有不少时间了，他急切地想找几个词来形容眼前的这名女子。少顷，他终于从脑海里找出了“古典”“曼妙”这两个词，他觉得很是贴切，便轻快地笑了起来。

张充和有些诧异，眼前这高大帅气的洋人，瞬间木然后的微笑着实奇怪，却又让人如沐春风。二人虽然都在这个院里进进出出，但这一次才算正式认识。

午餐时，张充和好奇地看着傅汉斯，以为他面对中餐一定会不知所措。哪知，他拿筷子的动作一点都不像一般外国人那样别扭。原来，傅汉斯到北大后，胡适担心他吃不惯中餐，就让人专门为他做西餐。傅汉斯不愿意给别人添麻烦，也为了增加说中文的机会，便坚持和学生一起在饭堂吃饭，所以他用起筷子来很熟练。

张充和的两个外甥沈龙朱和沈虎雏那时刚十几岁，正是最淘气的时候，傅汉斯居然能和他们打成一片，像一个天真、阳光的大男孩。傅汉斯那时说的中文还很有“洋味”，不过他总是很用心地和孩子们沟通，所以交流起来也没有什么障碍。

谁都没料到，月老竟然为张充和与傅汉斯二人牵起了红线。

相许

张充和与傅汉斯志趣相投，两人对中国的历史和诗词不只有着浓厚的兴趣，并且都有一定的造诣。因此，两人在不知不觉中，越来越吸引着对方，两颗心开始慢慢向彼此靠近。

不久，沈从文一家受邀到颐和园的霁清轩去度暑假，张充和与傅汉斯也一同前去。张充和住琴音阁，傅汉斯住亭子上。下面有流泉山石，景色极美。

来此消夏的傅汉斯还随身带着词典，不时查找资料，纠正自己的中文发音和用词。如此勤奋，倒和带着笔墨而来的张充和相映成趣。

在迷人的湖光山色中，忍不住唱起昆曲的张充和，会因为傅汉斯的突然出现而心跳加快；而傅汉斯的眼里、心里也满满是她。

爱情在悄悄萌芽，及至回到城里，傅汉斯便搬到了北大宿舍大院附近。他想离张充和近一点、再近一点。

此后，傅汉斯经常约张充和出去玩，或是去景山散步，或是去湖上泛舟。两人一路走着、说着，时常会陷入忽然安静的局面。但那不是没有话题的尴尬，而是他们彼此心有灵犀，无须用言语来刻意表达。

张充和与傅汉斯之间的微妙变化，没有逃过三姐一家子的眼睛。当傅汉斯再到沈家拜访时，沈从文便直接叫“充和”，淘气的孩子们机灵地喊汉斯为“四姨傅伯伯”。

后来，在张充和的建议下，傅汉斯把中文名改成了“傅汉思”。充和说：“虽是洋人但思汉也。”这一个“思”字，一方面，更加契合他对中国文化的热爱；另一方面，也蕴藏着张充和对他的相思。

爱情在朝朝暮暮的相知相契中，终于修成正果。张充和穿上了洁白的婚纱，与如意郎君举行了婚礼。这一年，她 35 岁，傅汉思 33 岁。才子佳人，相得益彰。婚礼极其隆重，当时，北平的文人墨客纷纷前来庆贺这对中西合璧的新人。

就在张充和与傅汉思憧憬未来的幸福生活时，北平已是炮火连天。他们不得不远渡重洋去了美国，留下了对家人和祖国无限的思念。张充和也暗暗有些怅然，因为这也恰恰应了当年章士钊先生把她比作蔡文姬时的诗句。

异乡

跋涉

到了美国，张充和与傅汉思并没有忘记当初的梦想，将全部心思都用在了发扬和传承昆曲的事业上。

一开始，张充和与傅汉思暂住在傅汉思的父母家中。傅汉思的父母都在斯坦福大学工作，于是，这对小夫妻就先在斯坦福大学找了一份临时工。半年后，在朋友的帮助下，他们去了加州州立大学工作。傅汉思从事中国史文化研究，张充和在图书馆负责中文图书编目。

为了长远打算，张充和与傅汉思决定贷款买房。当时他们的收入都不高，张充和以前继承的叔祖母的遗产又没能带出国，这样一来，他们的经济就陷入了非常窘迫的境地。

在生活困顿到难以为继时，张充和想起了珍藏的宝贝——杨振声先生送他们的结婚礼物——乾隆十色八卦墨。一根根墨条，都寄托着好友对他们的殷切希望与厚爱。可是，墨重要，人更重要。她思来想去，还是忍痛把那十块乾隆墨卖了。虽然换得了一万美元，但那些天，她的心里却空落落的。

工作与生活的压迫，使张充和十分思念故土。她时常想起姐姐弟弟们，在寄往国内的家书中，她曾提到过很想回国，却不知何日才有机会。但傅汉思是独子，父母年事已高，张充和便不好提回国的事。慈悲如她，明白二位老人更加需要傅汉思。

那些年，经济上的压力，也在无形中限制着张充和在艺术上的发展。她总觉得自己还有很多想法需要付诸实践，只可惜每日琐碎的事情太多，生命就这样慢慢地被消耗着。或许，等到把房贷还清的那一日，她才能真正地松一口气吧。到那时，她就可以辞掉图书馆的工作，把心用在痴念一生的昆曲上了。

由于身体原因，张充和与傅汉思没有生育孩子。1956 年，张充和已经 43 岁了，他们抱养了第一个孩子，取名傅以元。张充和白天上班时，就把孩子寄养在别人家里，下午下班后又接回家。

有了孩子后，日子过得更加忙碌了。不仅要准备一日三餐，还要照看孩子、收拾菜园。张充和只觉得时间不够用，真希望每天都能多出一两个小时来。这个念头一出，她还真想出了办法——把起床时间调早一两个小时。

在静谧的书房里，她可以磨墨写字，可以听昆曲、写信。有时写着写着，就会被中途醒来的孩子打断，但不管怎样，在张充和开始提前起床之后，她终于有了独处的空间，又找回了往日的感觉。

傅汉思对中国诗词很有造诣，为了张充和，他放弃了原来的罗曼语文学专业，转行开始研究中国文学。张充和为了让傅汉思全心全意地去考中文博士学位，便自告奋勇地包揽了家中的事务。那段时间，张充和白天在图书馆工作，并利用业余时间考驾照，为傅汉思解决了所有的后顾之忧。

傅汉思非常心疼娇弱的张充和，只要有时间，他就争着洗碗、扫地、倒垃圾，好挤出时间让张充和多一点时间做她喜欢做的事。

夫妇俩平时除了生活上互相照料之外，更多的时候是同在一张桌子上做着各自的工作。那种安心的感觉很幸福，一抬头便是你，真好。彼此懂得，才是幸福的本质。与爱的人在一起，每一分每一秒，都是幸福的。

1959 年，傅汉思终于拿到博士学位，进入斯坦福大学正式任教。自此，他们窘迫的状况才算开始缓解。

自从走进昆曲的世界后，张充和在唱念表演及吹笛方面，一直都没有间断过。她常打趣地说自己只是喜欢“玩玩”，并没有什么目的。这样的心态，反倒形成她独特的风格：优雅而高贵。

为了节省开支，张充和与傅汉思决定，在院子里开辟菜地。说干就干，张充和便卷起裤腿到院子里开荒种地了。泥土不够，她就骑车到山坡上一趟趟地拉回来。甚至，当家里的水管出现故障时，她也会从容维修。

曾经在舞台上拥有曼妙身段的充和，或是在讲台上侃侃而谈的汉思，这时不是在菜园中松土，就是拔草、浇水。不一样的生活，不一样的意境。在富有田园气息的生活中，张充和仍然在苦中寻乐。

除了种一些中国菜之外，张充和也种美国菜，只因这些菜都是平时买不起的。每每看到自己种的白菜、黄瓜、空心菜长得鲜嫩水灵、油光闪亮时，充和便感到满足与陶醉。

一个菜园子，张充和每天都需要好些时间去打理。渐渐地，她从一个不谙农事的昆曲名家，转身成了一名娴熟的“农妇”。她从来没为生活条件上的艰苦感到难过。经过双手的劳作，换来的是草木茂盛、瓜果香甜，心里便觉陶然。

张充和种的菜收成不错，除了自家人吃之外，她还送一些给邻居和朋友。由此，也收获了不少的友谊。而这里，也成了她的另一个乐园。心里烦闷时，便走到田土间，唱一段昆曲，吹一曲笛箫，悠然之情便已入怀。

在《小园即事》中，张充和写道：

当年选胜到山涯，
今日随缘遣岁华。
雅俗但求生意足，
邻翁来赏隔篱瓜。

那时，没有人会吹笛为张充和伴奏。怎么办呢？张充和便想了个办法，她用录音机先把自己吹笛的声音录下来，等她要唱曲的时候，再用录音机播放伴奏音。这样，完整的效果就出来了。

希望

1960年，张充和与傅汉思又抱养了一个女儿，取名“以谟”。这是为了纪念张充和的恩师朱谟钦。

为了孩子们的健康和教育考虑，张充和决定辞职做家庭主妇。她在家用中文和孩子们沟通，孩子们2岁后就开始认字，随后就是背诵诗经，再大点后描红。张充和也秉承父亲的教育理念，支持孩子们根据自己的兴趣自由发展。

为了更好地利用时间，张充和做家务的同时会吊嗓子、唱曲。并且，她还根据不同的家务节奏，来唱不同的曲目。在扫地、拖地时，她会唱《刺虎》《断桥》一类的曲子；缝缝补补时会唱《牡丹亭》之类的段子。就这么断断续续的，一天之中能“赚到”四个小时的唱曲时间。张充和还乐此不疲、见缝插针地制作昆曲表演需要的衣服、团扇等道具。甚至，还兴趣盎然地刻章、做砚台。

朋友们既担心又好奇，她每天怎么能抽出那么多时间去做喜欢的事情呢？其实，这也是张充和的秘诀：把喜欢的事融合到日常的家务里，时间就不显得那么匆忙了。

1961年，傅汉思被耶鲁大学东亚语言文学系聘请为中国古典文学的教授，专业为中国汉代至唐代的诗歌，于是举家移居到康涅狄格州，定居汉姆顿。新的生活，新的轨迹，不变的仍然是张充和对昆曲的热爱。

张充和在美国买不到笛子，这让她很苦恼。于是，她又颇费心思地在院里种了一片竹林，需要时便制成竹笛。有了笛韵的屋子，多了几分清雅的底蕴和生机。

除了竹子，院里还有枫叶。一进秋季，枫叶便会泛起红色。红叶偶尔也会让张充和多愁善感。初秋时的红叶让人欣喜，而深秋时的落叶不免让人惆怅。她自嘲道，诗情画意和居家过日子真是两回事。若是相提并论，倒是牵强附会了。

在张充和与傅汉思的努力下，耶鲁大学终于开设了昆曲和书法课程，并邀请张充和去教学。当梦想到达彼岸，她的心才算是有了归宿。

一开始，宣扬昆曲的过程是非常艰难的。张充和在台上表演时，台下的美国人没有笑，有些中国人竟哈哈大笑。那一刻，张充和很尴尬，而心里更加难过。这种尴尬和难过不是因为他们不给她面子，而是面对中国的国粹，他们竟然如此无知。因此，她更加坚定地要去推广、宣传昆曲艺术。

张充和没有直接去试图说服对昆曲排斥、轻视的同胞，而是另辟蹊径，先教那些对昆曲有兴趣的外国人。她主要从文学、音乐、舞蹈方面着手。果然，不少中国人见外国人都津津有味地学昆曲，后来也受到感染，并为之着迷了。

看到一丝进展后，为了让昆曲能在美国广泛地传开，充和还精心培养女儿以谟学习昆曲和吹笛子。

然而，一开始，小以谟没有定力和兴趣去学昆曲，张充和便绞尽脑汁地想对策。女儿爱吃陈皮梅，她便“投其所好”，就用陈皮梅作为奖品：以谟唱一支曲子，就奖励一颗陈皮梅。没想到，这个办法还很有效。

尝到“甜头”的张充和继续用这个方法，慢慢让女儿爱上了吹笛。在她的精心调教下，9 岁的以谟便可以大大方方地登台演出了。张充和携女登台表演时，不是你吹我唱，便是我吹你唱。母女俩配合默契，其乐无穷。

此后，张充和与傅汉思二人便更加频繁地在美国斯坦福、耶鲁、哈佛等多所大学举办昆曲演讲、示范，不遗余力地向西方学术界介绍昆曲文学和表演艺术。

张充和在给学生上课时，很注重方式方法。她知道枯燥的讲解是不会有效果的，因而加上了生动的示范。她载歌载舞的授课方式，很快就惊艳了全场。每当这时，傅汉思也会为她的演出做详细的翻译和解说，并仔细地为每一次的演出做好记录。后来，这些都成了非常珍贵的资料。

傅汉思也不愿意把张充和禁锢在小小的家庭之中。他曾说：“我从充和那里获得了持之以恒的帮助和灵感。她本人就是一位诗人，一个中国诗歌的终身弟子，以及中华文明最美好精致部分的活生生的化身。”

在傅汉思的支持和鼓励下，张充和又有了更多的机会，到加拿大、法国和香港、台湾地区的 23 所大学以及各学术所讲授、示范演出昆曲。

收获

在异国他乡的几十年里，张充和经常为昆曲爱好者进行义务表演，一登台最少就是40分钟。因国外并不具备昆曲表演的条件，所以从台上的道具到演员们的服装、佩饰，一针一线，都必须由张充和亲自设计和制作。由于这些超体力的负荷，使她每演一场必定病倒一次。

张充和那时会经常因胃痛而引发呕吐。但说来也怪，只要她一上台，便立即“不治而愈”。对此，张充和是了然于心的：这便是她活在世上的意义——有了传承昆曲的使命，自己便有了无限的希望。

春去秋来，花开花落，在张充和的坚持下，美国人终于发现了昆曲的美。对这种东方的传统艺术从最初的感动，逐渐到了震撼的程度。

张充和与四位高足经过来回奔波，终于促成了昆曲被联合国教科文组织列为“人类口头和非物质遗产代表作”。在得到好消息的那一刻，所有的委屈与辛酸都通通抛在脑后了。张充和激动不已，抱着弟子们泪流满面。

张充和与傅汉思在国外为宣传昆曲而孤军奋战。幸运的是，在张充和后来的学生中，既有学民族音乐的，也有学昆曲、学吹笛子的，他们都非常出色。这让张充和很是欣慰，他们多年的心血没有白费。为此，她还写了两句诗：

不须百战悬沙碛，自有笙歌扶梦归。

是啊，昆曲后继有人，终于不需她和傅汉思单打独斗了。

此后，张充和在威斯康星大学戏剧系教授昆曲《思凡》，并陆续与女儿以谟、学生李卉、王定一在各地公演昆曲名段。

在即将落成的仿苏州园林“明轩”中，纽约大都会博物馆中国部举办了盛大的《金瓶梅》唱曲会。这次雅集，缘起于普林斯顿大学的“金瓶梅”课程，他们特别邀请张充和根据古谱，以笛子伴奏的南曲方式，演唱《金瓶梅》各回里的曲辞小令。

“明轩”中的苏式园林味道，让张充和的思乡之情油然而生。恍若隔世的园林布局，让她仿佛又置身于久远而亲切的家园当中。

这一次，张充和以素雅的面容登台，依然身着雅致的旗袍，婉转悠扬的唱腔顿时就氤氲在美妙的江南水乡中。那一刻，人在画中，韵在声中。

张充和回到家，又用隽永的小楷，精心抄就了这次演唱的曲谱。在这些年里，张充和陆续将《学堂》《游园》《惊梦》《拾画》《芦林》等十八折戏的曲谱一一抄录。这也是将袅袅余音以书法的形式定格下来的一种纪念方式，字中有韵，韵中有意，更加让人回味无穷。

当寡居的大姐元和从台湾移居到美国时，经过半世风雨飘零的姐妹一经聚首，很快就达成了共识：要一同弘扬昆曲。她们创办曲社，悉心培养昆曲人才，并经常与曲友登台义演。曲社的影响力越来越大，备受欢迎。

在接下来的岁月里，这对老当益壮的姊妹花便在各所大学演出了曲目繁多的昆曲。渐渐地，像《思凡》《扫花》《游园》《长生殿》《断桥》《闹学》这些昆曲名段，也被外国人熟知了。

1986年，北京举办汤显祖逝世三百七十周年活动，特邀张充和与八十高龄的大姐元和一同参加。姐妹二人登台表演的对手戏是《游园惊梦》，六十年前的一次合作，终于又被姐妹俩承续上了。

她们风姿不减当年，表演十分出彩。张充和饰演的杜丽娘细腻端庄，大姐元和扮演的柳梦梅儒雅多情，又一次成了舞台上的经典。就连俞平伯先生看到她们的演出剧照时，也止不住连连夸赞，说这是她们最温雅有意趣的一张相片。

每次踏上久违的国土，张充和就会想，她和大姐带着昆曲走遍了东西南北，而今再次回归故乡，一如她笔下的画、心间的曲和热血沸腾的心，始终都系在中华大地上。有根的地方，才是家。不管走得多远，祖国依然是她最牵挂的地方。

执着

后来，姐姐们和傅汉思相继离世，89岁的张充和说不出的酸楚。虽说他们都是喜丧，但又有谁愿意看见亲人们一个一个地离开呢？人的生命在浩瀚的星河中，着实太无力了。这时的孤独感，无以言表。

张充和也不愿成为儿女的负担，一直坚持独居。

寓所门前的小院也需要不时打理。习惯了孤独的张充和继续侍花弄草，栽瓜种豆。或者于庭院间和友人们喝盏香茶、拍曲唱词。这般云淡天高的日子，也如她常年的诗情画意。

金秋十月，90岁的张充和与苏州曲社的曲友们雅集时，她面容清秀、举止优雅，身着一袭绛红色的丝绒旗袍，肩披一方黑色的披肩，仪态万方地依在雕花栏杆旁，一亮嗓唱曲，观众便一片掌声。她时刻都能保持着优雅从容的举止，正是对“大家闺秀”一词的最好诠释。

对于心爱的事业，张充和依然有着很强的原则性，她不怕有人说她“老顽固”，因为那是一种坚守。之前有弟子曾对她委婉地提出建议：“现在的昆曲世界已经变了，我们是不是也改革创新一下呢？”张充和一听就急了，反问道：“我已经快一百岁了，难道还要我来迎合你们的昆曲世界吗？”

一番话说得铿锵有力、掷地有声。她到底还是她，走过了漫长的岁月，对昆曲刻入心间的热爱，并不会因为世界的变化，就可以肆意妄为地改变它。这正是一代艺术家的风骨。

张充和也感到幸运，在垂暮之年还能每天唱曲，而且保持愉快的心境，这都是回味无穷的昆曲带给她的财富。

岁月如梭，在百岁寿宴那天，张充和又兴致盎然地唱了一段昆曲。友人的笛声一起，她便轻启朱唇浅唱起来。她的声音毫无故作娇媚之感，却比豆蔻少女的声音还要纯净，动人心弦。一切仿佛刚刚好，恰似她一脸恬静的笑容。

在此之前，张充和已将自己的诸多宝贝都赠予苏州昆曲博物馆：她亲手抄录的昆曲谱、昆曲点翠头面一套及《游园》红斗篷一件。特别是那套珍贵的点翠头饰，蓝色的底子配上金丝点翠，简直美轮美奂。当时为了定做这套头饰，张充和还卖掉了百亩良田。但如今，就算它们价值连城，她都觉得它们应该回到故土，去滋养祖国的传统昆曲艺术。

插曲

爱情之外

张充和对丈夫傅汉思的爱情是专一、长久且热烈的。作为民国时期备受瞩目的“女神”，追求她的男子不在少数。其中一位，还是大名鼎鼎的浪漫诗人，但被她“无情”地拒绝了。

当年在三姐与沈从文的婚礼上，诗人卞之琳就认识了性格外向、毫无忸怩之态的张充和。在无意中，张充和的热情与脱俗也感染了卞之琳，并激起了他心上的涟漪。

张充和也感觉到卞之琳注视她的目光与众不同，但她总觉得和他的频率不同，因而也没有想太多。在大三时她患了病，离开香山回到苏州后，卞之琳还赶到苏州去看望她。

卞之琳曾师从徐志摩，被公认为“新文化运动”中“新月派”的代表诗人。这位曾经打算一辈子都不写情诗的文人，居然为张充和写了许多浪漫多情的诗作。其中，最广为流传的便是这首《断章》:

你站在桥上看风景，
看风景的人在楼上看你。
明月装饰了你的窗子，
你装饰了别人的梦。

只是，卞之琳多情、浪漫的新诗并没有拨动张充和的心弦。她认为卞之琳的性格太内向，而她却是一个果敢的女子，更喜欢那种爽快的男子汉。在她看来，相爱的两个人，只有磁场相同，频率相同，才会找到共同的关注点，才会有说不完的话。

张充和对卞之琳晦涩的追求一直都没有回应，只把他当作昆曲和文学上的同好看待。痴心不改的卞之琳还把自己的诗作编成《装饰集》，亲自手抄一册，献给张充和。诗中的惆怅与无奈，让张充和觉得过于沉重。

她是理智的，也是决绝的。在确定自己对他没有爱意的情况下，便一定不会接受这份“爱”。为了表示谢意，她便用银粉做墨，以隽永的小楷抄录了其中的《断章》等七首诗，礼貌地回赠给了卞之琳。

此后，卞之琳便不再提及此事，但一直把张充和珍藏在心间。他常常看着她的墨宝，独自听着唱机里她清丽婉转的唱词，继续在张充和的世界里沉醉着。

多年后，卞之琳作为大陆的著名学者访问美国时，与张充和、傅汉思久别重逢。阔别多年，再见时已是白头翁。这一年，卞之琳 70 岁，傅汉思 65 岁。67 岁的张充和仍然是一袭旗袍，娟秀依旧。

老友相聚，话匣子打开后，卞之琳神秘地拿出一张纸稿来。张充和接过一看，喜极而泣——这张纸稿是当年在重庆时，书法家沈尹默先生为她圈改的几阕词。

原来，就在张充和赴美四年后，卞之琳到苏州去参加农业合作化的试点工作。那是一个寂静的秋夜，卞之琳被工作人员接待，恰巧安排他住进了当年张充和的旧居中。

伊人的音容笑貌，在那一刻又向卞之琳袭来。卞之琳的内心五味杂陈，环视四周后，便落寞地坐在张充和以前的书桌旁。百无聊赖之下，他无意间拉开空抽屉，却意外地发现了一些旧纸稿。取出一看，才发现竟是张充和多年前填的词，上面还有沈从文的修改批注。卞之琳睹物思人，便小心翼翼地保存至今。

张充和也因为手头上只有沈尹默的信而没有词稿这件事一直留有遗憾。那天，沈从文批注过的词稿历经三十年的时空，终于回到了她的手中，信与词稿终于得以“合璧”。这件事让人感慨万千，张充和更是深深感念眼前这位历经风霜的故人。

张充和知道，多年前的卞之琳，将一生最浪漫的诗意都汇成了最美的诗句。那些思念、那些岁月，都揉进了他的生命。

卞之琳 45 岁时，头上已满是银霜。那一年，他与一位名叫青林的女子结婚。他那漂泊无依的灵魂，终于找到了一个可以停泊的港湾，有了一个温暖的家。

那位叫青林的女子人如其名，温婉细腻，是典型的成都女子。当年青林生病住院后，卞之琳才发现她已经占据了自己的心。他想写情诗去表白，又怕再像与张充和那样错过，因此，他直接跑到医院向青林诉说情怀，并在小笺上写了一句誓言：独爱你曾经沧海桑田。

这句话，证明卞之琳确实不同以往了。时光，终于让他在中年之际成熟起来。得知卞之琳与青林婚后甚是恩爱，张充和心中的那份负疚感也彻底释怀了。

《仕女图》

在张充和78岁那年的一天，一位侄子从国内给她来了一通电话，说苏州正在拍卖她作的那幅《仕女图》。

离开沈宅后，张充和一直随身带着沈从文的那张小笺，不断地揣摩和回味。不久，她到上清寺去看望郑肇经先生。郑先生没在办公室里，但洁净的书房里，笔墨精良，一应俱全。

郑先生的书房十分宽敞，朋友们都喜欢在他这里品诗赏画。张充和也是“习惯成自然”，便拿出郑先生的画纸，以沈先生的诗意试着描绘一位仕女。

张充和的画多为传统山水，一直都没有正经学过人物画，但聪慧如她，经常临摹家中那些藏画，也有了一些心得。当她画完仕女的眼眉时，郑先生恰好进来了。张充和不好意思继续“献丑”，顿时满脸通红，要把画稿扔掉。

郑先生急忙夺过她手中的画作，看到沈先生的诗后，不禁拍案叫绝，连忙摊开画稿，让张充和继续画，再让她把沈先生的诗作抄上。

过了些时日，郑先生不仅将仕女图装裱好了，还把张充和以前写《牡丹亭·拾画》中的一段唱词也一并裱了上去。并且，还请沈尹默、汪东、乔大壮、潘伯鹰等名流又分别题词。次年，他又在画的绫边上加上章士钊等人的题款。在章士钊的题词中，还提到了一件关于他和张充和之间的“尴尬”事。

此前章士钊先生曾夸赞张充和有着蔡文姬的才情，不料惹得她不高兴。因此，这次章士钊在为《仕女图》题词时，非常担心他兴之所至的题词又惹恼了张充和，便有了这“谨小慎微”的诗句：

为防又是懊侬词，小字密行书纸角。

抗战胜利后，郑先生回到南京的家中，将张充和这幅《仕女图》挂在书房里，并拍成相片寄给她作为纪念。

此后的几十年时间里，张充和与郑先生一直都没有联系上。直至三十多年后，张充和才收到郑先生从国内寄来的信。

郑先生在信里痛心地说，他的《仕女图》和其他一大批字画都已经遗失了，希望张充和能将当年他拍的《仕女图》照片复制一份，并在复制的照片上题词留念。

张充和一阵怅然，含泪作了三首小令，与复制的《仕女图》相片一并回赠给了郑先生。其中，她也写了这样的诗句来自嘲自己当年对章先生的“不恭”：

新词一语真成谶，
谶得风烟人去汉。
当时一味恼孤桐，
回首阑珊筵已散。

诗中的“孤桐”二字，正是指章士钊。

1983年，张充和终于有机会回国时，她专程到南京去拜访了郑先生。郑先生取出《仕女图》照片与她一同欣赏，共同回忆那时在重庆的时光，彼此感慨连连。

如今，在《仕女图》失去踪影多年之后，忽然又得到了它正在拍卖的消息，犹如失散多年的儿女有了音信一般。张充和激动地回复侄子，无论以多高的价格，也要将《仕女图》买回。只因这幅画作，凝聚着她和众多师友的情义，而这些情义是多少钱都买不到的。

后来，经过张充和弟弟寰和的相助，这幅《仕女图》终于又回到她的手上。张充和没想到，历经了五十余年，《仕女图》依然纸色如新。而经过岁月的洗礼，画上那几方图章与仕女的朱唇已相映成趣，越发显出它的不凡。

《仕女图》回到了自己身边，但张充和却怅然若失。只因当年为画作题词的师友们，全都驾鹤西去了。

2004年初秋，张充和的书画展先后在北京的中国现代文学馆和苏州的中国戏曲博物馆举办，这是张充和旅美六十多年后第一次回国办的展览。之所以选在北京和苏州，是因为这两个地方的山山水水，都已经融入了她的生命。

张充和此次展出的作品共有 40 多件，有她在昆明时期书写的小楷《白石词》《淮海词》，以及一些山水书法、书于 20 世纪 80 年代的隶书对联、昆曲工尺谱、6 年前所临《书谱》第一百通长卷……笔笔秀美，件件精彩。

这次展览，也是张充和对自己一生所学的一次检阅和回顾。坚持了一辈子的事，就浓缩在这几尺之间了。

落幕

对于离开故土几十载的张充和来说，回顾在国内的点点滴滴时，她发现在以前的诗作中，也十分神奇地出现过“一语成谶”的情况。或许，在无形中，她对自己远离故土的命运，冥冥之中也早有感应吧。

那时在北碚嘉陵江畔，每年的春天三月间，便会有一种桃花鱼出现。它们通体透明，忽而像可爱的垂露，忽而又像朵朵飞花般的飘逸。张充和从江水中捧起十来条桃花鱼，回家后将它们放入小鱼缸中。到了夜间，它们便在灯下“翩翩起舞”，让人遐想无限。张充和一时兴起，便填了一阕《临江仙·桃花鱼》：

记取武陵溪畔路，春风何限根芽，
人间装点自由他，愿为波底蝶，随意到天涯。
描就春痕无著处，最怜泡影身家。
试将飞盖约残花，轻绡都是泪，和雾落平沙。

这阕《临江仙》得到了师友们的一致好评，为她唱和的词作足有十余阕。估计那时的张充和也没想到，自己的命运，也如自己的词句“随意到天涯”了。

张充和不禁感慨，偶然为之的一阕词，竟然真的成了她现在的真实写照。为了梦想，即便漂泊到天涯，她也愿意承受。一别天涯世事茫，一时间，诸多已经故去的诗友的面容又浮现在眼前，令人唏嘘不已。

往昔的一切都历历在目。及至到了生命的最后时刻，张充和先生终于可以无愧于心了。上天赋予她的使命，已经圆满完成。

2015 年 6 月 17 日下午，张充和先生在美国康涅狄格州北黑文市去世，享年 102 岁，结束了她曲折又“富有”的一生。

时光从不负美人，她也从未负岁月。作为民国时期“最后的才女”，她给人们留下了许多宝贵的财富，这便是她一生的意义所在。

不与岁月争

杨绛

临江仙

题杨绛

绛紫幽兰慧眼，淡泊天地白杨。
佳人纤手做羹汤。
许今生笑靥，赊几世光芒。
如意称心相共，知书达礼村乡。
百年明月未苍茫。
潮汐又再聚，把盏诉衷肠。

在芸芸众生中，步入婚姻的女子能得到另一半真心夸赞的，也许不在少数。但是，能得到“最贤的妻，最才的女”如此美誉的，却是极少。民国才女杨绛先生，对于夫君钱锺书先生对她的这份至高评价，则完全担当得起。不为别的，只因她有一份世间女子少有的恬淡、宁静与优雅。

在杨绛先生的生命中，经历过许多磨难，但面对这些磨难时，她都浅浅一笑。云淡风轻的样子，便来自她心底的那份从容。

家世

成长

世间的每个人，能在青史留名的，都是取得了不菲成就的人。他们之所以能获得成功，跟他们的人生经历有着密不可分的联系。聚沙成塔，点滴细微的堆积，经过岁月的沉淀，便可成为高山仰止的伟人。杨绛先生之所以有如此众多的成果，和她的家世、家人是息息相关的。

杨绛的祖辈世居江苏无锡，这里富庶文明，英才辈出。杨家世代书香，浸润出了无数个秉性耿直的子弟。杨绛的父亲杨荫杭，几度出国留学回到中国，成了一名不畏权势、刚直不阿的律师。在他开明思想的影响下，杨家有了和睦自由的家风。

1911 年 7 月，在北平一个租来的四合院里，杨绛呱呱坠地了。她本名杨季康，小名阿季。只因“杨绛”这个笔名太有名，才使她的本名常常被人们忽略。

杨绛的母亲唐须婴出身富裕之家，是从女子中学毕业的新文化女性。婚后，她甘愿把聪明才智都用来经营温馨的家园。杨绛出生时，虽然上面已有寿康、同康和闰康三个姐姐，但由于她是杨荫杭回国后的第一个孩子，生得又娇憨可爱，因而得到了全家人的宠爱。

杨荫杭与唐须嫈是一对非常恩爱的夫妻，并且都十分喜爱看书。在他们的影响下，杨绛自小就很乖巧，看见书籍就会心生欢喜。父母的一言一行，也时刻影响着杨绛。

母亲还告诉杨绛，父亲是一个“天才”级的人物——他不仅当律师，还翻译、出版过许多书。母亲如数家珍似的，逐一说着杨荫杭翻译过的作品。

在杨绛听来，那些书名犹如天方夜谭一般。但她心里喜滋滋的，也懵懵懂懂地知道了“翻译”的意思。自此，她时不时地也让父亲教她外语。也由此，不管当时她是否看得明白，中英文的书都要拿来“啃”一番。只因她已经下了决心，长大后要像父母一样，做一个充满智慧的人。

杨荫杭性格开朗、做事严谨，杨绛在他的影响下，练就了细致入微的观察能力。因而，在众多孩子中，杨绛能得到父亲的偏爱，绝不是一种偶然。

每天早饭后，总是她给父亲端来一盏浓浓的盖碗茶；父亲爱吃水果和干果，她便早早地剥好皮壳；父亲午休时，她会陪在旁边静静地看书；寒冬腊月，她会在恰当的时候为父亲屋里的火炉添煤……对于杨绛这么一个如此贴心的“小棉袄”，试问天下的父亲，谁能不爱？

在艺术方面，小小年纪的杨绛，还会有板有眼地跟着父亲唱昆曲名段。对于一些乐器，她也有不同于常人的天赋。只是，在没有发现自身光芒的时候，人们通常会没来由地自卑。杨绛亦是如此。

杨绛在姊妹中个头最矮，不免有些自卑。杨荫杭喜爱养猫，于是安慰她："猫以矮脚短身者为良。"意思是，杨绛虽然像一只矮脚小猫，其实品相是最好的。自此，受到父亲"加持"的杨绛，再也没有为自己的矮个头自卑过。

年幼时期的杨绛对于"家"的印象，是不断"流动"的。父亲因为工作的变动，会时不时地带着家人在南北各个城市间辗转迁徙。而这种不安稳的状况，在杨绛心中，亦算是不同的"新鲜感"了。只是，这种来回奔波的"新鲜感"，却饱含着一大家子不能团聚的无奈和辛酸。

父亲的气节

姐姐们并不像杨绛那么幸运，可以一直享受着父母的舐犊之情。被调回北平的杨荫杭被任命为京师高等检察厅长，杨绛和母亲跟着他又回到北平。六岁那年，杨绛在北平辟才胡同女师大附属小学念书了。

聪慧的杨绛，自然也有些淘气。可是，纵然老师想责罚她上课不专心，也因为她机灵地对答如流，最终让老师"无可奈何"地作罢。

在附小读书的日子是安稳的，然而，这种安稳的日子没有维持多久，家里就迎来了新的变故。

杨荫杭接到了一桩关于交通部总长许世英涉嫌贪污的案子。他秉公执法，不仅传讯了许世英，还派检察官去搜查许家，并得到了确凿的证据。杨荫杭便将许世英拘捕了一晚。

就在这个晚上，杨荫杭接到了无数个替许世英说情的电话。杨荫杭纵然知道其中的利害关系，仍不向那些权势低头妥协，断然拒绝了他们要保释许世英的要求。

显然，杨荫杭的刚直又得罪了不少权贵，他被停薪留职了。这时的他已经看透了官场上的黑暗，不想再和那些人同流合污，便有了辞官回乡的打算。

那时，杨绛和三姐在女师大附属小学念书，大姐和二姐都在上海上学。二姐不幸感染了风寒，焦急万分的母亲一路辗转到达上海后，二姐的生命之花却很快就枯萎了。二姐的不幸，成了全家人心中永远的痛。

杨荫杭这时还没有得到复工的消息，他果断地递交了辞职信。他知道，如此“冲动之举”虽然会收入锐减，但一家人欢聚一堂其乐融融，总胜过在尔虞我诈的官场里做着不甘心的事情。

要离开北平之前，杨绛也隐约地感觉到了家里的氛围有些不同寻常：母亲总是神色匆匆地出门买回许多北平特产；父亲也不像平时那般忙碌了，竟能悠闲地和朋友们到山上采集标本……

当杨绛坐上去火车站的黄包车时，才终于意识到，这是要真正离开北平了。看着眼前掠过的街道、听着小贩熟悉的叫卖声，恍惚间，她心里涌上了一丝离别的怅然。

到了火车站，杨绛意外地发现有很多人是特地来为父亲送别的。在依依惜别声中，杨绛感受到了人们对父亲这位清官的拥护与爱戴。那个年纪的她，当然不知其中的原因。只是，她懵懵懂懂地对父亲生出一种敬意，以及一种说不出的荣耀感。

火车的汽笛声，将杨绛幼时的记忆都留在了北平。渐行渐远的城墙，也逐渐淡出了她的视野。

母亲的坚持

经过一段时间的颠簸，一家人终于回到了小河弯弯的无锡老家。空气变得十分湿润了，杨绛感受着这份细腻清新的味道，仿佛到了另一个世界。这里处处都有水流声，就是在梦里，也像是身在小船悠悠而过似的。这般温婉的地方，她觉得像一个害羞的俏丽姑娘；而远方那粗犷的北平，却像极了一个大嗓门的汉子。

父亲事先就在无锡沙巷租好了一套房子，杨绛欣喜地发现，在这套房子外面，出门不远处就有一座石桥，可真是一个太好的住所了！杨绛经常站在桥上，看船只来来往往，听小曲咿咿呀呀。如梦的薄雾中，不时有人在河里清洗衣裳，或是打捞鱼虾。桥上这个小女孩便想着，若是他日将眼前的一切画出来，该是一件多美的作品啊！

八口之家终于重聚了，日子也渐渐走上了正轨，杨绛和两个弟弟也插班到了附近的大王庙小学。他们刚读完一学期时，杨家又发生了一件惊心动魄的大事。

那时候，靠水而居的江南人家都喜欢把小虾从河里捞上来，洗净后浇上葱、姜、酱油，盖上盖子等调料充分入味后，掀开就直接下肚。父亲和家人最爱这道美味，杨绛胆小，一次都没敢吃。然而，这一次，家人们吃了河虾之后都出现了肠胃不适的情况。杨荫杭的情况最为严重，开始高烧不退。

杨荫杭十分抗拒中医，唐须嫈便请来西医为他检查。经过一番化验，也没有确切的结果和治疗方案。杨荫杭这时已经神志不清了，满口说着胡话。唐须嫈没法子，坚持找来了中医为他号脉。不料，郎中替杨荫杭把完脉之后，竟摇着头拒绝开药方。这意思很明显：已经无力回天了。

亲戚们得知了这个消息后，便陆续前来看望杨荫杭。他们脸上那悲悯的神色，使杨绛感到不安。唐须嫈没有就此放弃，她想到了最后一根救命“稻草”——著名的中医华实甫先生。

华先生是杨荫杭的好友，但了解杨荫杭反感中医，一开始并不太愿意开药方。唐须嫈硬着头皮，好歹说动他为杨荫杭开了药方。为了使倔强的杨荫杭吞下中药丸子，唐须嫈还特地买来了一些西药胶囊。她把胶囊中的药末倒出后，又细心地把中药丸装进空胶囊中。就这样，迷迷糊糊的杨荫杭终于吞下了中药。

如果说当年二姐离开人世时，杨绛还不太懂得伤感的话，那么这次父亲病危时的险情，已经在她心上刻下了一道深深的烙印。对于至亲之间的生离死别，杨绛已经有了切肤之痛的体会。

几天后，杨荫杭奇迹般地好了起来。对杨绛来说，父亲就像是“失而复得”那般珍贵，她那颗悬着的心，也终于可以安放了。杨绛不仅从母亲身上看到了坚韧与执着的力量，也更珍惜身边的每一个人了。她更加明白，正是母亲和父亲之间那份坚定的爱，使杨家渡过了一个又一个的难关。

主见

启明女校

经过生死攸关的风波后，杨荫杭决定搬家。那段时间，杨绛也陪着父亲母亲去看过一些房子。

搬进新家安定下来后，杨荫杭便说考考杨绛，于是让她读一下《三国演义》。里面有太多不好认的字，杨绛又不愿认输，只好硬着头皮读下去。读到最后，她见大家都在强忍笑意，才知道自己读了不少的“白字”。“吃一堑长一智”，杨绛从此有空就跑到父亲的书房，一待就是一天。

不久，杨绛的大姐以优异的成绩在上海启明女校毕业了，还留校当了老师，并且可以把三妹和四妹也带去上学。这原本是一件大好事，然而，对杨荫杭和唐须嫈来说，却是喜忧参半。

在杨荫杭和唐须嫈看来，上海启明女校的教学质量无疑是最好的，杨家许多未成年的女孩都在那里接受教育。然而，若是要和最心爱的女儿杨绛分开，这份别离又太沉重了。最后，他们便把这件事的决定权交给了杨绛。

懂事的杨绛明白父母对自己的不舍，但是她更加懂得，启明女校是令无数人羡慕的地方，父亲母亲是希望她去上海接受教育的。所以，即使对父母也有同样的不舍，她也只是咬紧牙关，说要去上海念书。

走之前，杨绛自己整理好了小箱子，母亲还特地给了她一块银圆。她把“私房钱”藏在最贴身的衣服口袋里，和大姐送她的一块绣着花的手绢放在一起，成了她最珍贵的宝贝。

那晚，杨绛在自己的屋子里，捂在被子里低声地哭泣着。这是她有生以来第一次离开父母，她不希望父母听到她的哭声后更加难过。

上海启明女校是外国教会设立的一所著名的学堂。壮观的建筑，开明的管理，让杨绛感到了前所未有的自豪感，也使杨绛有了自主的意识。

启明女校的老师除了传授学生英文和法文之外，还可以在周末随着管理学生的姆姆们去郊区游玩，或是在姆姆的指导下绘画、弹钢琴……除此以外，学校还要求她们“每天要为圣母做一件好事”。这也让杨绛逐渐感受到了《圣经》中的精髓。

多年后，晚年的杨绛在《走到人生边上》一书中，有感而发地写道：“一个人在急难中，或困顿苦恼的时候，上帝会去敲他的门，敲他的心扉。他如果开门接纳，上帝就在他心上了，也就是这个人有了信仰……”杨绛先生可能不知道，她这几句朴实的话，已经被天南地北的读者奉为经典，并且成了他们人生路上的一盏照明灯。

在启明女校，来自校长和姆姆们的爱时刻温暖着杨绛。无论是严厉的校长特许杨绛随着姆姆去参加教徒们上山瞻礼的活动，还是食堂的姆姆特地为不能回家的杨绛留下的几颗糖果，这些爱，都在滋润着杨绛幼小的心田。

振华女中

几年后，杨家已经迁到了苏州。原本偌大荒凉的宅院，经过一番修葺便大不一样了。种上花木后，再加上孩子们嬉戏的声音，又绽放出了无限生机。

杨绛和姐弟们在后园里生火烧红薯、做“叫花蛋”；他们偷烤年糕时，不慎将年糕掉进了火炉里，顿时发出“乒乒乓乓”的声响吓坏了大家；杨绛与弟妹们忍着恶心的感觉去抓鼻涕虫和蜘蛛，再壮着胆子到父亲那里换取“工钱”；在父亲的指导下，他们还成功地做出了冰激凌……这个宅院，给杨绛留下了许多难忘的记忆。

16岁那年，在三姑母杨荫榆的建议下，杨绛上了振华女中。这是一所名校，时常有名流来给学生们上课。这个新的起点，使风华正茂的杨绛更加意气风发。

只是，那时正处在动荡不安的年代，振华女中的学生运动也逐渐涌现了。学校选中了杨绛，希望她也加入学生运动。杨绛已经得知，参加运动的一些女学生，因为种种原因被人欺负，又得不到妥善的处理，以至于酿成了一出出悲剧。

身材娇小的杨绛看起来不过才十三四岁，一直被大家认为是最“娇气”的同学，十分惹人怜爱。因而，她了解自身条件的不足，对于学生们的各种游行、示威活动，她是感到惶恐的。在她朴素的观念里，她觉得一个人首先要有自保能力，才能去保家卫国。否则，不是做无谓的牺牲，便是给坏人可乘之机，又给家人带来伤悲。

对于这件事，杨荫杭再次鼓励杨绛要有自己的主见。杨绛经过斟酌后，终于鼓起了勇气，对学校说了“不”。

接下来的学生活动，果然有一些女同学又被残忍地迫害了。事实胜于雄辩，当初杨绛“不服从”学校的行为，也得到了校方的赞许。

从这件事之后，杨绛在遇到任何困难时，都会想起父亲对她的教诲。她也能用自己的勇气去面对和解决问题，以免被人诱导和利用。

杨绛在振华女中读书期间，成绩非常不错，但鲜有考满分的时候。对于分数，杨绛从小就没有心理负担。父亲杨荫杭经常教导孩子们，分数并不重要，具备开心学习的能力，才是最重要的。父亲开明的教育理念，也让杨绛在宽松的环境中快乐地成长着。

在耳濡目染下，杨绛从小就对文学产生了浓厚的兴趣。及至杨荫杭教会她诗词中的“平仄”后，她终于写出了《斋居书怀》和《悯农诗》这两首诗，被校刊选登了。其中的“安得遨游此，翛然自脱俗”及“世事舟移壑，天道太不公”，亦表明了杨绛淡泊明志和悲天悯人的情怀，以及与年龄不相符的超凡境界。

杨绛写的文言短文《人能咬得菜根则百事可做说》文采飞扬，也被收录进了《振华校友》的集子里，被学校珍藏起来。其中的“口腹之欲，小人之所喜，非君子之所重，明矣。又如舜之饭糗茹草，范仲淹之断齑画粥。古圣贤之甘于淡泊，可以见矣”这段文字让读者诵之口有余香，文中的道理即便用在现代社会，仍有警世作用。

由于杨绛的成绩非常优异，她得以提前从苏州振华女中毕业。

东吴大学

清华大学是杨绛一直以来的目标。然而，那一年，清华大学并没有面向南方招收女生，杨绛深以为憾。后来，她同时考取了南京金陵女子文理学院和苏州东吴大学。杨绛非常纠结，因为考上的这两所大学都没有她喜欢的文学专业。经过反复斟酌，她选择了苏州的东吴大学。

杨绛属于“宝藏女子”，走到哪里都散发出耀眼的光芒，因此被老师视为骨干，让她负责《英文级史》和《中文级史》。机缘巧合之下，杨绛还认识了一位来自比利时的夫人，并开始向她学习法语。杨绛的天资极高，加上在上海启明女校打下的基础，她的语感获得了这位夫人的认可和赞扬。

一年之后，杨绛面临着分科的选择。她心仪的还是文学，但东吴大学并没有开设文学系，她只能选择离文学稍微近一些的政治系。但政治不能点燃她的热情，所以她课余就泡在图书馆里看书，偶然读到国外著名的文学作品就开心不已。心之所向，身之所往。心灵的触觉，始终在支配着她，朝着内心向往的方向奔去。

与书为伴的日子总会让人安宁，在书香的浸染中，杨绛一点都感觉不到浮躁。那时，她每晚都在阅览室里独坐一隅、自得其乐。读了一些中外文学作品后，杨绛对这个世界也有了更多的感悟。她经常和同学们讨论新书，谈论新思想，还探讨弗洛伊德、爱因斯坦等大师级人物。

大三这年，母校振华女中的校长王季玉女士为杨绛申请到了美国著名女校卫斯理的奖学金，学费可以全免，自筹旅费和生活费即可。这个机会，对于任何一位同学来说，都是极其难得的。

面对这个从天而降的好消息，杨绛却婉拒了。一方面是她不想离开父母，另一方面是不愿给父母增加额外的负担，最主要的，是她不想远渡重洋去念一个自己本不喜欢的科目。因此，她依旧把心思放在考清华大学的研究院上，以后好去研究心心念念的文学。

虽然杨绛的思想已经不稚气了，但她依旧长着一张娃娃脸，既稚气可爱又青春洋溢。在东吴大学的校刊上，曾刊登过一张她的照片，有男同学还专门为她写了很多旧体诗。其中流传最广的一句是：

最是看君倚淑姊，鬓丝初乱颊初红。

据说当时追求杨绛的男学生有七十多人，被人戏称为“七十二煞”。而杨绛不大和男生亲近，面对那么多的追求者，她只是淡淡一笑，并一直劝他们“回头是岸”，不要把大好青春都浪费在她这里。

上毕业班那年，东吴大学的一些学生闹起了学潮。学校停了课不说，学生们也失去了出校门的自由。所幸，振华女中的校长王季玉得知此事后及时通知了杨绛的母亲，让她赶紧把杨绛接回家去。

这个时候想离开学校，并不是一件容易的事。不过杨绛历来都有见地，她已经想好了对策。母亲到学校后，杨绛让母亲把她和好友的学习用品先带回家。接着，她和好友趁着下午吃点心的时候，神不知鬼不觉地逃离了学校。最后再让家里的门房来学校，把她们的箱子和铺盖领回家。就这样，杨绛和好友不仅顺利地逃离，行李书籍还一样不少。而当时，要想逃出去的学生多不胜数，能全身而出的却少之又少。

炽热的爱

人世间最美好的事情莫过于能够找到自己的毕生所爱。而杨绛的爱情，正是在她心心念念的清华园中开始萌芽的。好的爱情，能让双方都更好。杨绛与钱锺书这一对伉俪，便是印证这句话最恰当的例子。

清华之恋

为了不耽误学习，杨绛和四位好友考上了燕京大学，并很快到燕京大学办好了报名手续。可是在杨绛的心里，对清华大学的“情结”还是割舍不断。

初春的一切都那么富有新意，点缀着些许翠绿的色彩和清脆的鸟鸣声，让人雀跃。燕京的入学考试刚结束，杨绛就和同学孙令衔结伴去清华大学，她要去看望以前在振华女中时的好友蒋恩钿，孙令衔则要去看望表兄。

由此，月老的红线终于拴住了一对佳人。杨绛认识了孙令衔的表兄——清华大学外文系的钱锺书。当时大部分的清华学生都穿得西装革履，但眼前的钱锺书却穿着一袭青布大褂，脚踩一双毛底布鞋，戴一副老式眼镜。这位“中式”青年朴素得像一位土气的老学究，不知为什么，杨绛却只看见了他眉宇间蔚然而深秀，感觉有一种说不清道不明的亲切感。

钱锺书见到聪慧灵动、明眸皓齿的杨绛时，也大吃一惊，说话也越发囫囵了。爱情催生了无数美丽的诗句，诗歌是一代又一代人抒发爱情的最浪漫途径。中华文学底蕴深厚的钱锺书当然也不例外，当爱来临时，他也选择了用诗歌向心中的女神表达欣赏和爱慕之情。

回到燕京宿舍的杨绛很快就收到了钱锺书寄来的信。信笺上是一首文采飞扬的七绝，与见面时的结结巴巴判若两人：

缬眼容光忆见初，蔷薇新瓣浸醍醐。
不知靧洗儿时面，曾取红花和雪无？

杨绛看完后，一颗心跳得更快了。这首诗也写得太露骨了吧？才刚见第一面，就单刀直入地夸赞她面容娇嫩皙透，如花之骨朵。杨绛深知，这样卓尔不群的才气，却不是每个人都有的。

杨绛随即也给钱锺书回了一封信。信中提及她在好友蒋恩钿的帮助下，可以在清华大学借读的好消息。

没多久，杨绛到清华办好了借读手续，激动的心情无以言表。或许是杨绛与清华同年诞生在北平的原因吧，她时常感觉这所学校就像另外一个自己。魂牵梦萦多年，如今她终于圆了这个梦。

杨绛和钱锺书同在清华大学求学，但二人并不在一个地方学习，平时来往的信件也就多了几分意趣。

不多久，杨绛知道质朴的钱锺书出身于书香门第，他在少年时期就阅读了大量的经典古籍，文学功底深厚，并早已在清华园创下“读书第一”“发表文章第一”的“赫赫战绩”。后来，杨绛还想起了，就在父亲当年因吃虾而命悬一线之后，杨绛和父母去找新的住处时，曾经到过钱锺书的家里看房。只不过，幼时的他们错过了第一次见面。

他们很庆幸，这一次，没有再错过彼此。

少女的情怀开始荡漾，也在憧憬着美好的未来。可是没多久，孙令衔就告诉杨绛，说他表哥钱锺书已经订婚了。杨绛心里忐忑不安，她很想马上就去找钱锺书当面问个明白。而另一方，孙令衔又去告诉钱锺书，说杨绛已有男朋友。钱锺书心里直发慌，于是马上写信约杨绛到工字厅相会。

二人一见面，钱锺书就急于表白：我并未订婚；杨绛也解释：我没有男朋友。彼时，谁也顾不得矜持了。彼此的心境完全相同——不要让误会横在中间，让一对有情人因此分开。

原来，杨绛有一名叫费孝通的同学一直暗恋着她，如今也在燕京大学读书。费孝通担心清华大学的追求者们占了先机，所以他才让好朋友孙令衔对外宣扬“杨绛已有男友”的假消息。至于“钱锺书已经订婚”的消息，也仅仅是因为孙令衔偶尔听到表哥家的人想要为他订婚而已。误会解开后，杨绛和钱锺书的心都安然放下了，滚烫的信件也越来越频繁。在这期间，杨绛也回了费孝通的信，说她有了恋人，让他不要再浪费时间。

年轻气盛的费孝通意识到了“危险”，暗恋了这么些年的女子，怎么能说失去就失去了呢？他心急如焚地找了几位好朋友立即赶到清华大学，面对面地和杨绛理论起来。杨绛没法子，说出恋人叫“钱锺书”后，给了费孝通两个选择：一是和她绝交，二是继续做普通朋友。

费孝通对钱锺书这个大才子也早有耳闻，对比之下，他输得心服口服。几经权衡，他当然舍不得和杨绛绝交，只好答应把杨绛当成普通朋友。

这次“风波”很快就过去了，杨绛和钱锺书之间的感情也日益加深。花前月下、荷塘柳径，四处都留下了他们的足迹。

杨绛是有着调皮天性的，有一次，她恶作剧地给钱锺书写信，想考考钱锺书的情商。那封信中只有一个字：怂。一般人看到这个没头没尾的带有贬义的字，估计会生气。钱锺书收到信后，却回了她一个字：您。

杨绛很感动，对钱锺书的情商也放了心。

原来，“怂”和“您”这两个字，其实是杨绛和钱锺书之间的一问一答。

杨绛问：你的心上有几个人？

钱锺书答：我的心上只有你一人。

情书竟然可以这么富有情趣，很快，这件事就被朋友们争相传颂，成为一段佳话。

钱锺书在杨绛面前是很坦诚的。他说自己没有什么远大的志向，只想用一生的时间去做喜欢的学问。而杨绛的人生目标也恰好相同：时光静好，两人能一同看看书、写写字，也就知足了。

尽管杨绛已坠入爱河，但她仍然十分理智。虽然她期盼与钱锺书做同学，但她认为自己在暑假报考清华研究院还不够格，必须加紧准备，明年再考才有希望。

在结束借读清华大学的课程后，杨绛先去了上海一家小学做教员。后来因注射防疫针后过敏，不得不离职回家养病。

其间，钱锺书的书信不断传来，继续劝杨绛今年就考清华研究院。但杨绛那时尚未痊愈，暂时没有精力给他回信。钱锺书以为杨绛的情感有了什么变故，心中不免有些疑虑和伤感，随即作诗一首：

巫山已似神山远，
青鸟辛勤枉探看。
……
如此星辰如此月，
与谁指点与谁看！
……

杨绛收到这些"伤心诗"之后，在被钱锺书逗乐之余也非常感动，便给他回信诉说自己的苦衷。

次年入夏后，杨绛如愿考入清华大学研究院外国语系。而此时的钱锺书，为了今后能出国留学，只好先去上海光华大学教书。这对恋人虽然又是天各一方，但每天鱼雁往来的情诗，亦在互诉着各自的相思。爱情，纵然千里之远，却在彼此的心间蔓延着、渗透着。

不久，钱锺书参加了中英庚款留英考试，成为唯一的英国文学专业录取生。对他来说，这是一个非常好的消息，但也让他很纠结。因为面临着要马上出国，他又不舍得和杨绛分开。如果要杨绛随他出国留学的话，势必要舍弃她即将完成的研究生学业。这对她来说，是极不公平的。

在对的时间能够遇到对的人，那么一切都会“水到渠成”。杨绛得知这个消息后，温柔地安慰焦头烂额的钱锺书。她毅然放下自己的学业，愿意和他一同赴英国留学。

1935 年 7 月 13 日，24 岁的钱锺书与 23 岁的杨绛正式结婚了。那天，杨府举行了隆重的结婚仪式，天造地设的一对新人，幸福地步入了婚姻的殿堂。

执子之手

到了英国，离牛津开学还有一些时间，夫妇二人租好房子后，就开始适应这里的新环境了。

在婚后相处的时间里，杨绛才发现，钱锺书的生活自理能力几乎为零——他分不清皮鞋的左右脚、不会系漂亮又方便的蝴蝶结、出门后门牙磕坏了也不知道直接去医院，而是回来找杨绛……

这和他在学业研究上的聪慧比起来，简直就是大相径庭。然而，钱锺书身上这些巨大的反差并没有让杨绛失望，反而让她欣喜。因为她觉得，这种真实更加难得。能保持着童真的人，才是内心光明且坦荡的。

不得不说，钱锺书和杨绛的结合，真是“天作之合”。钱锺书在日常生活中的动手能力出奇地差，但恰恰遇到了动手能力极强的杨绛，于是，很多问题就被她迎刃而解了。

钱锺书吃不惯西餐，加上那段时间房东的伙食越来越糟糕，他很快就瘦了下来。杨绛心疼，便另外租了一套带厨房的房子。此后，她就“卷袖围裙为口忙，朝朝洗手做羹汤”。这位从未干过粗活的大家闺秀，愣是把对丈夫的爱，融进了柴米油盐酱醋茶中。

也就是在那时，杨绛才知道，扁豆是要和外壳一起吃的；而剪虾的时候，虾是会疼的——自然，因疼痛而跳跃的虾，也把她吓得满屋子乱窜。

生活中的点点滴滴汇聚成了新婚的快乐，而最幸福的，莫过于爱人之间相互的关切了。有一天早上，杨绛还睡得迷迷糊糊时，就听见钱锺书轻手轻脚走动的声音。她睁开眼睛一看，发现他正端着一份早餐走到她的身边，还在床上为她小心地支起了一张小桌子。看着瓷盘里美味的早餐，另外还有一杯香气四溢的热牛奶，杨绛又惊又喜。钱锺书惭愧地说："咱俩结婚以来，一直都是你在照顾我，我这个丈夫实在不称职，也该尽尽我的责任了。"杨绛心里暖洋洋的，由衷地夸赞："这是我吃过最香的早饭。"钱锺书宠溺地答："你喜欢的话，我天天给你做。"在以后的日子里，只要钱锺书和杨绛在一起，便都是他负责做早餐。

牛津大学开学后，钱锺书开始攻读文学学士学位。自费留学的杨绛本打算到女子学院研修文学，但那时没有名额了。另外，也是因为她不忍心向已患高血压的父亲开口要钱，去支付牛津昂贵的学费和导师费。于是她决定，就在牛津大学旁听几门课程，自修西方文学。

牛津大学是英国最古老的大学之一，曾被钱、杨夫妇的恩师——我国著名学者吴宓夸赞它是"终身系梦魂"的地方。而最让杨绛和钱锺书痴迷的地方，则是它的总图书馆。

图书馆的英文名字叫"Bodleian Library"，被钱锺书译为"饱蠹楼"，只因为这里的藏书和手稿的种类都太丰富、太完整了。夫妇二人一有时间就在这里埋头看书、乐此不疲，确实像书虫那样时时"饱蠹"。

有了图书馆这座丰富的精神食粮的宝藏，杨绛大部分时间就在这里度过。她给自己制定了严格的课程表，然后按顺序，将各国的经典作家文学史都逐个攻破。

一般来说，对于戏剧、诗、小说的各大名家，杨绛至少要看三四部代表作，若是运气好，能借到全部的作品，就喜不自禁地全都看了。总之，他们的时间每天都安排得满满的。在互相的交流中，也有极大的收获。

牛津的天气以明媚居多，杨绛和钱锺书早晚都喜欢外出散步。闹市郊区、店铺邮局、教堂住宅都挨个走遍，对于他们来说，这既是观光又是探险。路上有时碰见熟识的邮递员，就把国内来信递给他们。那时，有些喜欢集邮的小朋友还会在一旁眼巴巴地看着他们手中的信，杨绛便会小心翼翼地把邮票撕下来送给他们。看着小朋友雀跃的表情，二人也同样快乐。

收到家书，是让杨绛最开心的事了。看着父亲母亲那亲切的笔迹，妹妹们一些无厘头的纸条，只觉得异常珍贵。杨绛的家书，让钱锺书十分羡慕，因为钱家的家书，只有钱父严肃的谆谆教诲，却少了一些亲人间的热度。

杨绛的父亲还不远万里地寄来了《元曲选》，以满足杨绛对“唱曲”的思念。杨绛是非常喜欢音乐的，钱锺书写的“欲调无筝，欲抚无琴”和“咏歌不足，丝竹胜肉”，说的就是她。杨绛唱曲的时候，钱锺书也会一起唱。钱锺书很有潜力，但也时不时地故意“耍宝”，让杨绛笑得直不起腰来。

夫妻间若是在婚姻中索取太多，人生的欢乐便会少很多。他们之所以如此舒心欢愉，正是因为彼此都不曾索取。杨绛与钱锺书的幸福也感染着许多朋友，因而，大家都一致认为，他们就是爱情最美的模样。

开花结果

日子就这么快乐地流淌着，1936 年，钱锺书得知杨绛有了身孕后，高兴地说："我不要儿子，我要女儿——只要一个，像你的。"

在杨绛看来，他的这句痴话，便是世上最好的情话了。眼前这个永葆童真的睿智男子，是多么值得自己去深爱啊。哪怕为他放弃一切，也是值得的。此后，钱锺书对杨绛更加呵护备至。他想多练练手，以后好照顾生命中最重要的两个人。

1937 年 5 月 18 日，杨绛开始阵痛进了产房。吃尽苦头后，第二天才生下女儿。当钱锺书从护士手中抱过可爱的女儿时，他看了看女儿，又感激地看着杨绛，语无伦次地说："这是我的女儿！我喜欢的！"

钱锺书给女儿取名为"钱瑗"，小名"阿瑗""圆圆"。杨绛看着眼前这个孕育了十个月的宝贝，以及满心欢喜的钱锺书，幸福得说不出话来。

杨绛在医院那些日子，钱锺书过得十分辛苦。他一边要准备毕业论文，一边要来医院照顾妻女，还得独自料理日常生活。其间，差错百出，一言难尽。

每当钱锺书来医院看望杨绛母女时，他便像个孩子一样愧疚地说自己又犯了错。这时，杨绛便会柔声安慰他：没关系，我来解决。杨绛和女儿出院回家后，陆续把钱锺书闯的"祸"都解决了。钱锺书抱着女儿，也不耽误他对杨绛竖起两个大拇指为她点赞。有她在，他的心就是安稳的。

心安之处即是家。在钱锺书眼中，现在一家三口的模式，便是最圆满的状态。为了不让杨绛再次承受生产之痛，也为了不减少他们对圆圆的爱，钱锺书决定，不再要第二个孩子了。

在杨绛坐月子期间，钱锺书坚持要亲自伺候杨绛。也不知道他从哪里学会了炖鸡汤，里面还放着杨绛最爱吃的黄豆。杨绛感动得眼里浸满了泪水，但钱锺书及时止住了她的泪水："月子里千万不能哭啊，不然以后眼睛会痛的！"杨绛破涕为笑，便在心里想着，要是婆婆知道她的"大少爷"会做饭了，一定会大吃一惊吧。

由于钱锺书在医院跟着护士学会了照顾婴儿的种种技能，在家的时间，他也抽出写论文的时间，给圆圆洗澡、换尿布和洗衣服。一招一式，逐渐从生疏到熟练，他不再是那个手忙脚乱的"生活能力低下"的男子了。

更可喜的是，钱锺书认真完成的论文，赢得了牛津大学的认可，成为牛津大学图书馆的收藏品。这是他的成绩，对于杨绛来说，更是一份荣耀。

在英国的日子，钱锺书就这样不知不觉地从一位丈夫的角色顺利地过渡到了父亲的角色；也由一名学生，蜕变成了中西文化学术上的佼佼者。他身上的种种改变，也让杨绛感到疑惑。每个人在角色更换中，真的会平添许多天赋吗？其实她更清楚，这些"技能"都不算天赋，而是内心的那份责任与爱。当一个人面对他认为重要的人的时候，才会做出巨大的改变。

比翼双飞

一对恩爱的夫妻，若是在长年累月的朝夕相处下，在情感上还能保持融洽，那么，“距离”是一个很重要的元素。夫妻间的距离，不能太远，也不能太近。太远了会由疏离到裂痕；太近了，会感觉缺少空间。而杨绛和钱锺书的相处模式，或许是最适合的“距离”——他们有着各自的兴趣，亦保持着相对炽热的爱恋。由此，他们的爱情才能在不同地方、不同阶段都保持着当初的完整。

因朋友们事先帮钱锺书和杨绛注册了巴黎大学，当钱锺书完成牛津大学的学业后，两人又抱着襁褓中的圆圆去了法国继续攻读。

然而，因为一些原因，他们并没有注册成功。他们只能在巴黎大学上课，但不能正式进修。虽然很遗憾，不过这没有阻断他们的求学之路。

在他们的精心照顾下，圆圆长得很快。圆圆给杨绛和钱锺书带来了无尽的欢乐，他们从宝贝女儿降生的那一天开始，也渐渐成长为合格的父母了。

由于邻居太太能帮忙照顾圆圆，杨绛和钱锺书的学习时间更充足了。他们都根据自己的情况，制订了相应的课程计划。

那段时间，夫妇俩纵情读书，从法语到英语、德语、意大利语……全世界的名著都记在了脑海里。而杨绛，在这一年中，更深入地了解了欧洲国家的风土人情，也对欧洲语言有了更娴熟的掌握和运用。说起来，也正是这几年出国留学的经历，为她以后的翻译事业奠定了坚实的基础。

除了攻读外语，杨绛也没有丢下汉语文学。在巴黎的日子，她也写了许多优美的散文作品。她的文字，在娓娓道来的平淡中，又蕴含着悠远的意境。

和国内的联系中断很长一段时间后，他们通过报纸上的新闻，才知道国内的战争爆发了，上海、苏州都落入了敌人的魔爪。

伉俪惜别

不久，在三姐的来信中，杨绛才知道，父亲母亲带着弟弟妹妹们逃到苏州的香山时，母亲不幸患了恶性疟疾去世了。

杨绛心如刀绞，恨不得立即赶回去。可是那时两人的学业尚未完成，圆圆又太小，她只能暂时待在异国他乡。在那段时间，杨绛整日以泪洗面。在她后来的回忆中，曾这样写道：

> 我自己才做了半年妈妈，就失去了自己的妈妈。常言“女儿做母亲，便是报娘恩”。我虽然尝到做母亲的艰辛，却没有报得娘恩。

这份悲痛还在延续着，无情的战争使钱家人也同样支离破碎。夫妇二人打定了主意：中断学业，回到国难当头的家园。1938 年秋，杨绛和钱锺书终于等到机会，带着 1 岁的圆圆登上了回国的邮轮。这次回国的邮轮上，因为战争带来的影响，物资匮乏，邮轮上的伙食出奇地差。原本胖嘟嘟的圆圆，回国时瘦了一大圈。

杨绛在苏州的家已被日寇洗劫一空，父亲和钱家人也在上海避难。她需要带着圆圆到上海，去照顾两边的亲人。由于钱锺书在留学期间的出色表现，清华大学之前就邀请他回国后直接去担任教授，而此时的清华大学已经并入了昆明的西南联合大学。因此，钱锺书只得在邮轮停靠香港时依依不舍地与杨绛、圆圆辞别，他要直接赶到昆明。杨绛抱着圆圆，望着渐行渐远的钱锺书，强忍着眼眶中的泪水。

此刻，她不只是一个不忍面对别离的妻子，更是怀中女儿的母亲、老父亲的女儿、钱家二老的儿媳。纵然此刻对钱锺书难以割舍，她也要从容地面对这次分别。

独当一面

杨绛和钱锺书就像两棵参天大树一样，茂盛的枝丫是他们各自取得的成就，而泥土之下的根，却是紧密相连的。也因为有根须的紧密联系，泥土之上的枝叶，才会互相庇护、互相支撑。这对夫妻，既是独立的个体，又是彼此的依赖。

钱家已经在上海找到了住处，杨绛带着圆圆回到拥挤的钱家住了下来。第二日，她和父亲重聚时，发现父亲的身体状况早已不如从前了。早在杨绛到清华大学借读时，父亲就中风过一次。而母亲的去世，对父亲的打击又非常大，因此父亲每晚都要靠安眠药才能勉强入睡。

父亲原本是借住在杨绛三姐家的，后来他专门租了另一套宽敞一些的房子，以方便杨绛母女经常过来陪他。好在钱家的住处并不远，杨绛便可以在两处来回照应着。在杨绛的安慰和照料下，杨荫杭的身体有了起色。除了“戒掉”安眠药之外，身体的机能也好了许多。不久，他还在上海震旦女子文理学院担任教师，给学生讲授《诗经》。

这时的上海时局很紧张，但杨绛却很从容、知足。只要和亲人在一起，内心的温馨便会激发出种种力量和勇气，去击败来自外界的恐惧。

苏州早已沦陷，振华女中也被迫关闭，校长王季玉女士准备在上海开设分校，力邀杨绛去担任校长。公公的思想很传统，反对杨绛出去工作。父亲杨荫杭的思想一如既往的开明，极力鼓励杨绛去分校任职。杨绛考虑之下，还是答应了王校长的邀请。此后，杨绛便一边工作，一边照顾两边的家人。

不久，杨绛收到了钱锺书从昆明寄来的家书，信中还有一首七律：

双燕飞归自海西，双飞归燕不双栖。

空思故国春相逐。苦认前巢路竟迷。

如此风光偏失侣，无多土地许衔泥。

将雏尘上灰扬处，可得孤花与表题。

钱锺书在字里行间，都向杨绛倾诉着和她分别后的悲苦和相思。杨绛无数次看着信，泪水不自觉地滑落下来，滴在信笺上……

钱锺书从昆明回上海探亲时，一家三口终于团圆了。握着杨绛因为操持家务而变得粗糙的双手，看着她因奔波而略显憔悴的脸，钱锺书心疼不已。

这时，杨绛接到公公从湖南打来的电话，说他最近身体很不好，希望钱锺书能到湖南去照料。公公的老友廖茂如先生也来到上海，万分恳切地邀请钱锺书去湖南的国立师范学院担任英文系主任，这样也方便钱锺书照顾他父亲。

杨绛十分理解公公的心情，也支持钱锺书去湖南。就这样，钱锺书没有再回西南联大，而是再一次辞别妻女，直接到湖南去任教。杨绛强忍不舍的心情，依旧带着小圆圆，淡然地过着平凡而充实的日子。

平静的日子没过多久，振华的分校又因为太平洋战争的爆发而被迫停办。杨绛只好在一所小学里找了份代课的工作，同时又在一户富人的家中当家庭教师。

这几年的经历，让杨绛积累了一些素材。为了贴补家用，她很想把它写成作品。于是，她一边在学校工作，一边利用业余时间，开始酝酿写点作品来换稿酬，以应对困苦的生活。

“孤岛”岁月

杨绛一直都爱好文学创作，从小到大也陆续在校刊上发表过一些文章。早在清华读研期间，杨绛就上了朱自清先生讲授的散文习作课。有一次，杨绛认真打磨了一篇名为《收脚印》的散文，她鼓足勇气交到朱先生手里请他指点，朱先生说第二天回复她。

第二天，朱自清先生把文章递给杨绛时，说这篇文章没有什么好改的。杨绛以为自己写的内容太差劲了，便羞红了脸，难堪得无地自容。没料到，朱先生话锋一转，解释说是因为这篇文章实在太好，已经不需要做任何修改了。同时，他还要把它推荐给《大公报·文艺副刊》发表。

果然，当朱先生把杨绛人生中的第一篇散文《收脚印》推荐给编辑沈从文先生时，沈从文看着文中那些细腻而大气的文字也大加赞赏：

听说人死了，魂灵儿得把生前的脚印，都给收回去。为了这句话，不知流过多少冷汗。半夜梦醒，想到有鬼在窗外徘徊，汗毛都站起来。其实有什么可怕呢？怕一个孤独的幽魂？假如收脚印，像拣鞋底那样，一只只拣起了，放在口袋里，捎着回去，那么匆忙的赶完工作，鬼魂就会离开人间。不过，怕不是那样容易。

《收脚印》得以顺利发表，让杨绛信心倍增。不久，她又创作出了第一篇小说《璐璐，不用愁！》，并得以再次在《大公报·文艺副刊》发表。正因为有了这些积累，这时的杨绛才计划要创作出适合这个时代又能被观众欣赏的作品来。

就在钱锺书离开上海之前，一位清华大学的好友陈麟瑞为了庆祝剧作《晚宴》上映，专门请钱锺书夫妇和李健吾先生小聚。聚会中，杨绛关于美食的一番讲述，令陈麟瑞十分赞赏，便鼓励杨绛也可以试试编写剧本。当时，杨绛没有把这件事放在心上。

如今经过一段时间的斟酌，杨绛决定开始创作喜剧《称心如意》。在这个年代，人们需要喜剧来冲淡内心对未来的恐慌。这也是一种向上的、无形的信心。她想通过自己的作品，给生活在白色恐怖中的人们一些精神力量。

杨绛很快就拟好了大纲：故事的女主角李君玉的父亲是一个穷画家，母亲是一名富家小姐。她的父母双亡后，不得不去投奔富家亲戚，却被无情的舅舅们推来推去，谁都不想收养她。女主角就在亲人们的冷眼中，过着凄然的生活。经过一些磨难之后，最后被老舅公认作孙女，继承了一笔遗产，当真是“皆大欢喜”……

杨绛在创作期间，经常把自己写的剧本初稿寄给钱锺书，让他先提提意见。而一心做学问的钱锺书，对剧本的了解并不多，因此也就随口夸夸“很不错”了事。

当一个人心中有明确目标的时候，便是最坚定的时候。这段艰难的时光，也因为有需要完成的剧本而使杨绛充满了力量。

这年夏天，钱锺书和一位同事原本要结伴回上海探亲，结果道路不通，他们又半途折回。夫妻二人的思念，只能继续依靠来往的“鸿雁”传达。

别后重聚

1941年暑假，钱锺书终于回到上海。钱锺书动情地对杨绛说：“从今以后，咱们只有死别，没有生离。”在经历了无可奈何的分别后，这对夫妻再也不想过两地相思的日子了。

圆圆4岁了，父女俩已经有两年没见，她对这次回家的钱锺书十分陌生。圆圆见这个皮肤黝黑、像极了流浪汉的“陌生人”把行李放在妈妈的床边，便不太高兴地指着奶奶的房间说：“这是我妈妈，你的妈妈在那边。”

杨绛和钱锺书听着圆圆“童言无忌”的话，既辛酸又觉得好笑。钱锺书就说：“圆圆，我倒问问你，是我先认识你妈妈，还是你先认识？”圆圆脱口答道：“自然我先认识。我一生下来就认识妈妈了，你是长大了才认识我妈妈的。”孩子的角度，当真与众不同。她这一番话，让杨绛和钱锺书不禁哑然失笑。

好在父女之间的亲情是割不断的，很快，钱锺书就成了圆圆最亲密的“朋友”。

在杨绛和钱锺书的影响下，圆圆也十分喜欢看书。那时，圆圆也遗传了他们的天资，见到一个字就会自己分析。比如看到“男”字，就会对杨绛说：“妈妈，这块田里有人在做力气活，它就是‘男’子的‘男’。”而看到“朋”字，也会想到是“两个月亮在亲热”……对于女儿的天资，杨绛惊喜不已，便作诗一首夸赞小小年纪的她才貌双全：

颖悟如娘创似翁，
正来朋字竟能通。
方知左氏夸娇女，
不数刘家有丑童。
（注：左氏：左思；刘家丑童：刘宴虽貌丑却是神童）

圆圆无疑是钱锺书夫妇的掌上明珠，他们对她的爱难以用文字表述。

原本钱锺书是计划小住几月再回内地工作的，这时，西南联大外语系主任陈福田先生也来到了上海，找到钱锺书之后，再次请他回到西南联大任教。钱锺书已经答应下来，但没想到突发珍珠港事件，上海的交通被迫中断，钱锺书便只能留在上海。钱锺书不想所有的压力都让杨绛一个人扛，可他暂时又没有找到工作，这让他很苦闷。

杨荫杭知道女儿女婿的情况后，便把他在震旦女子文理学院每周的课程分了两个小时给钱锺书。这样，也能帮他们缓解一些生活的压力。

看着辛苦的妻子及可爱的女儿，钱锺书也想尽力给她们提供好一些的生活环境。由于挣到的薪水远远不够家庭开支，钱锺书又兼职了其他工作，生活才得以勉强维持。

这种情况下，再要想像以前那样买书，其实是非常困难的。可是，杨绛知道，钱锺书对书籍和知识的渴求，就像鱼儿对水的渴盼一样。因而，她总能在精打细算之下，想方设法地省下钱来给钱锺书买书。

这对嗜书如命的钱锺书来说，便是精神上最好的“滋补品”了。

“沙漠”玫瑰

1942年冬，经过一些行家的指点后，杨绛的《称心如意》终于完稿。她把这部凝聚着几年心血的剧本，交到了在上海从事进步戏剧运动的李健吾先生手中。李健吾非常满意，立即召集演员进行排练。在即将公演时，让杨绛再想一个笔名。

在此之前，杨绛始终是用本名“杨季康”在发表作品。这时李健吾先生又催得急，杨绛忽然想起家中的一件趣事来：姐姐们快速叫她名字时，经常将“季康”连成“绛”字的音。再加上这个“绛色”既明快热烈，又不争不抢，也符合自己的性格，于是她便将“杨绛”这个笔名报给了李健吾先生。

《称心如意》在宣传期间就已经未演先红了，以至于到了一票难求的程度。杨绛母校的王季玉校长知道后，还特意来找杨绛要门票。看完后，王校长对杨绛赞不绝口，同时也难以置信，在如此艰苦的生活条件下，杨绛居然还能写出如此精良的剧作来。

钱锺书也和杨绛一起观看了这部剧。看完后，钱锺书既感动又备受鼓舞。回家后，他兴趣盎然地对杨绛说，他也在构思一部长篇小说《围城》。这个名字和初期的构思，也是取自于上海这个沦陷区的经历。

杨绛非常开心，便催他赶快写。但是钱锺书怕自己没有那么多的时间来写长篇，杨绛依然说着“不要紧”，并让他减少授课的时间来创作。生活上的事不用他操心，一切都由她来负责。

物价每天都在上涨，人们的生活越来越困难。杨绛为了节约开支，在家里的女佣回家之后，就包揽了所有的家务，开始做劈柴、洗衣这些粗活。

面对一大家子的生活用度，杨绛不得不从各方面去精打细算。那时人们做饭都烧煤球，杨绛为了省钱，就打算亲手做煤球。她先观察别人家是怎么做煤球的，然后就买回一些煤渣和泥。一开始，煤和泥的比例总是不对，泥掺多了，煤球烧不着；泥掺少了，煤球又不经烧。如此反复试验多次后，终于做出了“称心如意”的煤球。看着烧得红艳艳的炉子，杨绛极有成就感。

其他家务对杨绛来说，也同样很有挑战性。圆圆经常看到一个被煤烟熏成花脸或呛得满眼都是泪的妈妈；不时，也会传出杨绛在切菜的时候手指被割伤、炒菜的时候被烫伤的声音……

杨绛的付出，钱家人都有目共睹。钱家婶婶见她这样一位千金小姐，却什么苦都能吃，便经常夸赞杨绛，说钱锺书是“痴人有痴福”。

对于家人的夸赞，杨绛也只是乐呵呵地笑着。她的笑靥，如同在这沙漠一样的境地中，美丽绽放的玫瑰花，给家人带来了无限的希望。

所有的困难在杨绛心里都微不足道，她只希望把钱锺书心中构思的《围城》送上创作的正轨，即便是做他的“灶下婢”，也是心甘情愿的。

后来钱锺书开始专心写文章，杨绛便成了他的第一位读者。不过，杨绛在忙于工作和家务的同时，在创作上也丝毫没有怠慢。接下来，她很快就进入了第二个剧本的创作。

其实，杨绛的第一部话剧处女作之所以能如此成功，并非是她的运气好，而是因为她有着深厚的文学功底和对生活的积累，以及清丽舒缓的文笔，才能写出情节冲突强烈、人物形象生动的剧本来。

虽然得到的稿费非常少，但杨绛的创作热情丝毫没有减少。她想，只有做一对“比翼双飞”的夫妻，幸福的浓度才不会降低。

相得益彰

在琐碎的生活中，杨绛将挤出的时间全都用在了写作上。她又创作了一部《弄假成真》，可是，就在这部剧上演后不久，父亲杨荫杭却撒手人寰了。杨绛痛彻心扉，她赶回苏州将父母合葬于灵岩山绣谷公墓（今苏州公墓）。

那一次，是杨绛最后一次回到装满回忆的杨家宅院。春天的风，原本应该有的那份暖意，她也感觉不到了。

后来，杨绛整理好心情，继续创作了喜剧《游戏人间》，以及悲剧《风絮》等剧本。她的作品沿用一贯的英伦风格去讽刺人性的弱点，深受观众的喜爱。

著名戏剧作家夏衍看了杨绛的剧作，也对她高度赞扬。这些剧本的问世，让杨绛在文坛上越走越顺利了。她的每一部剧本，都成了话剧界的经典作品。一时间，杨绛在上海文坛声名大噪。

杨绛并没有因为在文坛上的成功而减少和钱锺书的沟通，她为了让钱锺书更有信心地完成小说，还暂时停止了自己的创作。

那时，钱锺书每天晚上都会把写成的《围城》章节给杨绛看，他急切地想看看爱妻会有什么样的反应。有时，率直的杨绛看着《围城》中幽默的地方，便会哈哈大笑。见她笑，钱锺书也跟着大笑。两人之间的默契是一致的，他知道，杨绛笑的不仅仅是稿子里面的内容，还有生活中的一些琐事。

好的爱情，是精神上的门当户对、事业上的势均力敌。在杨绛看来，夫妻本是一个共同体，荣誉也是共有的。由于杨绛比钱锺书成名要早，那时候他们出席一些文化沙龙时，人家总是称呼钱锺书是“杨绛的先生”。杨绛便会大方地挽着钱锺书，笑吟吟地对大家说，她更希望人们叫她“钱太太”。睿智的女子，会时刻维护丈夫的自尊。

抗战终于结束了，钱锺书在上海暨南大学外文系担任教授一职，同时也兼任南京中央图书馆英文馆刊《书林季刊》的编辑。经过两年奋战的《围城》终于完成了。

钱锺书在《围城》的序中真诚地写道：

两年里忧世伤生，屡想中止。由于杨绛女士不断的督促，替我挡了许多事，省出时间来，得以锱铢积累地写完。照例这本书该献给她。

钱锺书非常庆幸，若是没有爱妻的倾力付出，他是不可能在短短两年时间里完成这部小说的。都说夫妻之间是相互成就的，他却非常惭愧，一大家子的生活琐事，全都压在了妻子杨绛的身上，而她毫无怨言，每天都能看到她满是幸福的笑靥。因此，钱锺书常常会看着杨绛，恍惚间就会自问，自己何德何能，居然能娶到这个温柔、贤惠的女子为妻？

《围城》轰动全国，对于钱锺书的这份成就，杨绛比他本人还欣喜。甚至，她还自谦地说，她的那些剧本，根本就没法和《围城》相提并论。

一份好的感情，能使双方都变得更好。在世俗的婚姻中，能相得益彰的人不多，而他们，却成就了彼此。有一次，杨绛在一本英国传记作家的书上读到了这样一句话：

我见到她之前，从未想到要结婚；我娶了她几十年，从未后悔娶她；也未想过要娶别的女人。

她把这段话念给钱锺书听，钱锺书想也没想，当即就痴痴地看着她说道："我和他是一样的。"杨绛一脸幸福地回应："我也一样。"

彼时，你我的心中全是彼此，这就是幸福。

钱锺书还在自己的短篇小说集《人兽鬼》的样书上，写下了这样深情的一段话：

赠予杨季康，绝无仅有的结合了各不相容的三者：妻子，情人，朋友。

人们常说，人生得一知己足矣。在钱锺书眼中，杨绛却同时兼顾着这三个重要角色。

其实，还有一个角色，是钱锺书不好意思提及的。圆圆常说，她和父亲是"哥们儿"，都是妈妈的顽皮"孩子"。对这个定位，钱锺书不予否认，因为他最懂得，温柔沉静的杨绛，是如何宠爱他和女儿的。

中华人民共和国成立前夕，夫妇二人拒绝了国外的优厚条件，坚决要和祖国共进退。很快，他们就收到了清华大学的聘书，聘请他们担任清华大学外文系的教授。

相濡以沫

时光荏苒，1978 年，杨绛历经 22 年的艰辛，终于完成了我国首部由西班牙文翻译的《堂吉诃德》。而杨绛为了翻译这本书，从 45 岁开始学习西班牙语的精神，也被人们视为榜样。

1985 年后，笔耕不辍的杨绛陆续创作了《隐身衣》《回忆我的父亲》《回忆我的姑母》《记钱锺书与围城》等作品。

十来年后，钱锺书编订了自己的《槐聚诗存》，杨绛把全书抄完时，钱锺书紧握她的手说道：你是最贤的妻，最才的女。这句话，也是钱锺书对杨绛的客观评价。她的乐观、她的坚强，以及她一如既往的温柔，无一不深深镌刻在了他的生命中。有妻如此，夫复何求？

他们的家几十年来都没有装修过，以至于家里的地板一直都还是水泥地面；阳台，到最后都没有像别人那样密封起来；还有泛黄的墙面和裸露的暖气片……

在生活方式这个问题上，他们的观点向来都一致：简单就好。原因也很简单，他们觉得绞尽脑汁地把时间用在装修房屋上，实在是不划算。有那些时间，还不如做学问来得好。

杨绛对家中的简朴，自有她浪漫的诠释：身在家中便可坐拥一片蓝天，这是多么惬意的生活呀！

他们的家中，最多的“家具”就是书桌、书柜，以及满屋子的书籍。那时，钱锺书用摆放在房间中央的一个大书桌，杨绛则在靠着阳台的窗边上放了一张小书桌。二人同在一室伏案工作，又可以不被打扰地看书、写字。遇到感兴趣的话题时，二人又会来一番精彩的辩论。

1994 年，病魔缠身的钱锺书再次住进了医院。圆圆由于自小身体就不好，时常患病，便全靠杨绛一人悉心照料。

钱锺书已经不能吞咽了，医院的粥食都不能食用。杨绛便亲手在家做出了各种羹汤、蔬菜泥，然后提到医院，一勺一勺地喂他。她唯一的心愿就是，能好好照顾他、好好陪伴他每一天。

杨绛回家时，钱锺书便由外地的护工照看。那天，杨绛喂完钱锺书时，从钱锺书口中得知护工家中经济非常困难。第二天，杨绛便从家中带来三千元钱，执意塞给护工，帮助她渡过了难关。

一名外地的普通护工和杨绛这位高级知识分子相比，实实在在是弱者。而杨绛对待弱者的态度，便是她内心修养的折射。这也是对“大爱”及“优雅”两个词的最好诠释。

然而，生活的残忍还在继续肆虐着——女儿圆圆也因肺癌晚期入院治疗。而父女俩住的医院，竟相隔了大半个北京城。两端都是挚爱的亲人，都是难以割舍的情怀，八十多岁的杨绛不辞辛劳地来回奔走着。

一开始，满头银丝的杨绛并不知道女儿的病情已经非常严重了。到后来，她和病床上的圆圆只能互相含泪对对方，却谁也说不出话来。

1997 年，被杨绛视为珍宝的圆圆去世了。圆圆生前在北京师范大学任教，学生们为了纪念她，将她的骨灰撒在了一棵常青树下。

“从此老母断肠处，明月下，常青树。”杨绛只能远远地望着那棵常青树，在心中默默地回忆着和圆圆六十年来快乐、温馨的时光。

杨绛没敢把女儿去世的消息告诉钱锺书。钱锺书却从她隐忍的表情中猜出了这个伤感的结局。两位已是暮年的老者，只能用泪水和微笑彼此支撑。

次年底，钱锺书也撒手人寰，却舍不得闭上眼睛，杨绛哽咽着替他擦去眼角的残泪，并在他耳边说：“你放心，有我呢！”钱锺书终于合上了双眼。

钟书逃走了，我也想逃走，但是逃到哪里去呢？我压根儿不能逃，得留在人世间，打扫现场，尽我应尽的责任。

如同她的文字一样，办好钱锺书的后事，伤心欲绝的杨绛不让自己陷入悲痛中，她要鼓足精神为钱锺书清点他生前所有的读书笔记。

只要他的作品还在陆续出版，她便感觉丈夫依然在身旁。

就像当年在国外留学时一样，这时的杨绛又给自己制订了极为严苛的工作计划，好让自己忙于工作而无暇哀伤。于是，她将全部精力投入艰辛的翻译和著述中。年迈的她不仅完成怀念丈夫和女儿的《我们仨》这部作品，还整理出版钱锺书的大量中外笔记与心得。后来，她又完成了汇聚了她一生心路历程的奇书《走到人生边上》。

2001 年，杨绛已经 90 岁了。韶华流逝却安静从容的她，把她所有的稿费和版税，都捐赠给了母校清华大学，并为贫困学子设立了“好读书”奖学金。两年后，精神矍铄的杨绛又把家中所藏珍贵字画，也全部捐赠给了中国国家博物馆。

2016 年 5 月 25 日凌晨，杨绛安详地走了，走完了她朴实无华又光辉灿烂的一生，终于和亲爱的丈夫与爱女在天堂团聚了。

家在哪里，我不知道，我还在寻觅归途。

杨绛先生已经在另一个世界找到了她的家。

这位“最贤的妻、最才的女”，留给人间的，依然是她那抹与世无争而又淡然的微笑。她这一生，是充盈而幸福的。

凌叔华

一位中国闺秀的古韵与柔情

临江仙

题凌叔华

料峭春寒深院，红墙奇女明眸。
凌云清语秀珠楼。
蕙心分叔季，写意已消愁。
新月风烟零落，芳华古韵洋洲。
浮萍无意怎绸缪。
银丝归故里，一解此生忧。

凌叔华出身名门，从六岁开始就受到文学艺术的熏陶，在文学和绘画上均取得不小的成就，它们也与她相伴了整整一生。然而，她的情感经历却很曲折，在人生的汪洋里，似乎也没有找到那片能让她心灵停泊的港湾。然而，她仍以优雅的姿态，勇敢地面对着生命中的风风雨雨。

家世

家事

凌叔华的家在京城史家胡同里的一座朱门大院中。她是这户显赫人家的第十个孩子，排行不大不小，颇有些尴尬。她出生时，枝头正渐渐涌出一丝嫩绿，无穷的希望都等待着机会破土而出。

凌叔华的父亲叫凌福彭，祖籍广东番禺。他官运亨达，曾任顺天府尹、领直隶布政使等要职。凌福彭饱读诗书精于辞章，并且酷爱书法、绘画，还组织了北京画会，因而家中经常有文人墨客进进出出。

儒雅的凌福彭思想开明，不仅关心教育，还竭尽全力创办学堂。

凌叔华的母亲是凌福彭的四太太，在凌家并不太得宠。况且她已经有了两个女儿，所以不管小叔华生得怎么伶俐可人，似乎也不容易得到父母的宠爱。

可是，似乎在每个家庭，都会发生一些戏剧性的变化。尤其是像凌叔华所在的高门大户里，身在其中，每个人的命运都有可能惊天逆转。

小叔华没有父母宠爱，就算是三娘屋里的丫鬟，也可以肆意欺负她。小叔华的心里自然是有些怨恨的，但母亲让她缄默，她只得照办。

凌家大宅院里，经常有名流学者来雅集。小叔华经常好奇地看着形形色色的人们，在她幼小纯净的视野中，却“饱览”了人世间的喜乐哀愁。宅院中的喧嚣与冷清，都深深地刻在了她的心间。

父亲和朋友们的画册随处可见，在亲情的疏离中，小叔华便开始沉浸在那些琳琅满目的册子中。

6 岁时，小叔华拿起木炭在花园的白墙上画着心中憧憬的山山水水。那天，恰好被凌福彭的一位朋友看见，他才发现了小叔华的天赋。凌福彭很惊讶，没想到平时不惹人注意的女儿，竟然是一件奇珍异宝。

从此，凌叔华开启了逆袭之路。

凌福彭不仅请来了以前在宫中专为慈禧太后作画的画师缪素筠，单独为凌叔华传授画艺，还时常带着她跟当时文化艺术界里的“怪杰”大儒——精通七国语言的辜鸿铭先生一起参加雅集，好让她开阔视野。渐渐地，凌叔华积累起了古典诗文的基础，也开启了对外语的启蒙之门。

就连著名的山水画家王竹林先生、女画家郝漱玉先生，乃至康有为，都成了凌叔华的师父。

凌叔华不负众望，没有白费这些资源，她不断地在这些名师身上汲取经验，终于从一只不怎么招人待见的“丑小鸭”，蜕变成了人见人爱的“白天鹅”——她成了15个兄弟姐妹中唯一一个能跟随父亲见客会友的凌府“大小姐”。

在凌家大院里，有着近百个房间。有一个房间是凌叔华的私人画室，里面都是上等的红木家具，窗户外面的大花园四季都弥漫着各种花香。在这样的环境中，在各位名师的培养下，凌叔华很快就在艺术和文学的殿堂里欢快地游弋着。小小的年纪，“凌家十小姐”的名声便已在外。

凌叔华在父母的宠爱中渐渐长成了亭亭玉立的少女，其间，还和哥哥姐姐们到日本留学。当她在天津直隶第一女子师范学校读书后，斐然的文采也开始显露出来，她的作文经常在校刊上发表。

大小姐的书房

青春洋溢的凌叔华以优异的成绩考进了燕京大学的预科班，次年升入本科外文系，主修英文、法文和日文。

在燕大风景如画的校园里，凌叔华的妙笔丹青很快就出了名。她的笔触看起来总是那么不经意，却呈现出非凡的趣味来：既有古典的精髓，又有现代的敏感；雅致的布局间，又十分耐人寻味。

这时的文坛开始流行新思潮了，凌叔华也想试着通过文学去表现自己的思想。她尝试着写了一些小说，可笔下的文字运用起来并不像创作丹青那样游刃有余，于是，她想拜文坛大咖周作人教授为师。

然而，凌叔华到底不是小户人家的姑娘，为了顾及自己“大户千金”的体面，于是，就极不礼貌地给周作人写了一封拜师信：

如果你不同意，就是阻止这个世界了解中国女性的所思所想。

看，这位大小姐的思维确实与众不同。为了拜师，就先给未来的师父来一个下马威，用道德先“绑架”准师父——如果周作人不同意，他的责任就太大了。

这封看似大逆不道的拜师信，让周作人啼笑皆非，只好收下了这个非同寻常的大家闺秀。

没想到，就因为凌叔华的这份勇气，果真成就了自己的梦想。

当时社会上的名媛，就连陆小曼、林徽因等人，每一个都有着多年的文字功底。凌叔华却通过一封拜师信，就很容易地冲进了文学圈。

就像当年没有浪费父亲给她提供的师资力量一样，这次，她也没有辜负周作人的培养。很快，她就在文坛崭露头角，开始在刊物上陆续发表作品了。

在凌叔华的处女作——白话短篇小说《女儿身世太凄凉》中，她以独特的视角和细腻的文笔，展现了三位新旧女性在情感、婚姻上的经历。在文中，她既对“女性解放”提出了警示，又对“女性解放”

进行了反思。很快，她就引起圈里名流的注意，并成功跨入女作家的行列。

不久，凌叔华参加了“新月文学社”的一次大型活动。“新月社”是浪漫诗人、北平大学教授徐志摩创办的一个以探索新诗理论与新诗创作为主的文学社团。这个社名，是他根据偶像泰戈尔的诗集《新月集》而取的。同时，也饱含着他对这个社团的无穷期许与祝福。

1924 年，“新月”本尊——第一位诺贝尔文学奖亚洲得主、有着“诗翁”美誉的泰戈尔先生，应中国著名学者梁启超和林长民创办的讲学社之邀来到北平访问。这次泰戈尔访华的公众活动的请柬，很多都出自凌叔华这位燕京大学学生代表的笔下。

为了显示对泰戈尔的重视，徐志摩前往上海机场迎接泰戈尔。在北平前门火车站等候泰戈尔的人中，就有梁启超、林长民、辜鸿铭、蔡元培、胡适等国内名流。

随后的日子里，梁思成、林徽因、北平大学教授陈西滢及徐志摩全程接待了泰戈尔。在泰戈尔 64 岁生日时，他们还专门为泰戈尔排演了他的一部戏剧——《齐德拉》，主角由林徽因扮演。那一天，林徽因也因为出众的演技和一口流利的英语而备受人们关注。

看着风头出尽的林徽因，凌叔华感觉很委屈，她也想亲自和名满天下的诗翁见见面。在那天下午的公众活动结束后，凌叔华便请一位画家朋友出面，邀请泰戈尔一行到凌府花园去参加书画雅集。没想到，泰戈尔竟然答应了。

凌叔华自然十分兴奋。在她那间豪华而又风雅的大画室里，众人除了领略到凌家富足的财势外，也感受到了来自她身上的书香魅力。

浅笑盈盈的凌叔华在自己的地盘上毫无压力地展示着自己的才华，举手投足间无不散发出大家闺秀的魅力。她还有些“初生牛犊不怕虎”地向泰戈尔发问：“泰戈尔先生，今天是画会，敢问您会画吗？”大家一听，当时就提醒她不可无礼，但凌叔华却一副满不在乎的样子。

泰戈尔淡淡地笑了笑，不慌不忙地坐到书案前，在凌叔华备好的檀香木片上画了一些与佛教文化有关的佛像、莲花等画作，还连连向凌叔华致谢。

在谦和的泰戈尔面前，凌叔华意识到，自己刚才太失礼了。幸好泰戈尔并没有怪罪凌叔华这个聪慧伶俐的小姑娘，反而夸赞她的才气，比起林徽因来，有过之而无不及。如此高的评价，也让在场的青年才俊们对凌叔华产生了好感。

就这样，凭借着“大小姐的书房”的一场书画雅集，凌叔华这位满腹才华的千金小姐便光芒四射地正式活跃于文坛了。

情感

挚友

“大小姐的书房”雅集之后，凌叔华就加入了新月社。徐志摩的儒雅与浑然一体的诗意，在凌叔华看来，就是人间最美的一首诗。她和徐志摩成了知心挚友，无话不谈。

凌叔华一边听徐志摩有些伤感地谈及他和林徽因在欧洲游学时的往事，一边安慰着他失落的心。但她不知道的是，徐志摩在与她亲密交谈的时候，他还在为另一位美人心神激荡着。

就在泰戈尔先生访华期间，王赓也曾派出了军队，以维持秩序保证“诗翁”的安全。徐志摩和王赓将军同是梁启超门下弟子，二人亦是莫逆之交。王赓的妻子叫陆小曼，是一位风华绝代、多才多艺的女子。那天，她身着漂亮的旗袍，风雅苗条，在礼堂外帮着发宣传单。在晚宴上，徐志摩便认识了美得像花儿一样的她。

没多久，徐志摩和陆小曼就陷入了不可自拔的情网，沦陷在彼此的深情中。一时间，引得文学圈里的人对他和陆小曼议论纷纷。作为徐志摩好友的凌叔华，以为他们不过是走得近了一些，情感上并无瓜葛，因而还经常为他们辩解。

然而，事实终究是事实。得到了消息的王赓，一怒之下扬言要杀了徐志摩。徐志摩是一介书生，深知自己理亏，对王赓的子弹还是心生恐惧。为了避风头，徐志摩决定暂时离开北平，去欧洲追随泰戈尔先生。

徐志摩与陆小曼的恋情，让凌叔华深感意外。虽然心里五味杂陈，但也只能去理解他。

即将远行的徐志摩带不走所有的物品及牵挂，在去欧洲之前，把一个珍贵的箱子交给了凌叔华，请她代为保管。在那只箱子里，装着徐志摩多年的日记、手稿以及和林徽因、陆小曼等人的信件。他还开玩笑似的叮嘱凌叔华，若是他出国遭遇不测，这就是他的遗物了。

凌叔华对徐志摩纵然万般不舍，但因了这份信任，心中亦笃定了许多。

凌叔华信奉缘分，她欣赏的男子，若是最终没有和她走到一起，她也会把他一直珍藏在心间。她与生俱来的高贵与优雅，不允许自己做出有失体统的事来。

从此，凌叔华就和远在欧洲的徐志摩开始了频繁的通信。那段时间，二人平均每两天就给对方写一封信。只有凌叔华的信件，才能安抚徐志摩满腹的郁闷和躁动的心；而凌叔华，也日夜盼望着他的来信。只有在他那些仿佛跳动着的字符里，她才能感受一丝丝情感上的慰藉。

徐志摩回国后，原本打算放弃对陆小曼的感情，一心放在工作上。没想到王赓想通了，决定放手成全陆小曼和徐志摩。

陆小曼离婚后，从上海回到了北平，她和徐志摩很快就举办了婚礼。而徐志摩那只“八宝箱”，依然由凌叔华保管。因为他担心，里面的那些“秘密”会让陆小曼不舒服。只有继续放在凌叔华那里，才最为妥帖。

凌叔华理解徐志摩的选择，也切断了自己曾经在情感上对他的一丝幻想。

婚姻

没多久，凌叔华就匆匆和北大教授陈西滢结了婚。这个消息使整个文学圈都很震惊，因为陈、凌二人表面上看起来风平浪静，丝毫看不出已经热恋的蛛丝马迹。

陈西滢本名陈源，“西滢”是他发表文章时用的笔名，比凌叔华大 4 岁。他 16 岁时就远赴英国留学，先后在爱丁堡大学和伦敦大学学习政治经济，获得博士学位回国后在北京大学任教。他还是歌德名作《少年维特之烦恼》的翻译者。显然，他亦是一位年轻有为、满腹诗书的才子。

凌叔华与陈西滢也是相识于泰戈尔先生访华期间。就在“大小姐的书房”里，陈西滢见识到了凌叔华“一身书卷气，两袖清雅风”的风姿时，就对她动了心。

在胡适的支持下，陈西滢与徐志摩等人共创了《现代评论》，陈西滢主编其中的《闲话》专栏。不久，凌叔华开始向陈西滢投稿。

凌叔华在《现代评论》上发表的第一篇小说是《酒后》。这篇小说写的是一位少妇看见丈夫的朋友喝醉酒之后，忽然有了一种想去吻他的冲动，并且要求丈夫答应她，说只要一秒钟就可以了。丈夫最后允许她去亲吻醉后的朋友，但当她走到这位朋友身边时，她却失去了勇气。

在这篇小说里，并没有什么跌宕起伏、扣人心弦的情节，但妙就妙在凌叔华所用的文字上。她对角色的心理活动描写得细腻又精准，技巧相当娴熟。风格同她在丹青上的味道如出一辙：看似不经意的笔墨，却有着出其不意的美感。

这篇小说深受读者们的喜爱，也成了凌叔华的成名之作，奠定了她在文坛上的地位。

此后，凌叔华便经常把陈西滢请到凌府花园畅谈。很快，陈西滢这位谦谦君子就拜倒在凌叔华的石榴裙下，越发喜欢她了。而凌叔华对陈西滢的印象也很好，说他“头脑清晰，理解迅速，观察准确，是许多人不及的”。

这样的男人，在凌叔华看来，是绝对值得托付终身的。

两个月后，凌叔华的短篇小说《绣枕》又发表在《现代评论》上，引起了读者更广泛的关注。

《绣枕》描写的是一个悲凉又凄惨的故事。文中的大小姐多年来都在闺中刺绣，直至韶华渐逝。她呕心沥血地绣了一对绣枕，送到心心念念的男子家中后，却杳无音信了……同样，在这篇作品中，她的笔触柔婉而有力，直击人物内心，打动了不少读者。

那时，在《现代评论》上，凌叔华还是唯一的女作家。备受鼓舞的凌叔华创作兴趣更浓了，她除了在《现代评论》上发表小说外，也在《新月》等其他刊物上发表了作品。

凌叔华渐渐成了《现代评论》和《新月》的主要作家，她那双能描绘出美妙丹青的手，同样也能迸发出文学的光芒。即便是最普通的素材，经过她的提炼、加工后，字里行间也会呈现出无比动人的魅力。

徐志摩娶了陆小曼之后，凌叔华多少有些意难平。一番斟酌之后，她选择了和陈西滢共度余生。

凌父一向喜欢读书人，也没有介意陈西滢的家世普通，反而十分看好陈西滢的才华。于是，他把有着 28 间房的后花园送给凌叔华当嫁妆。

凌叔华和陈西滢是别人眼中的一对完美的神仙眷侣。他们已经融化在彼此的眼中，过着童话般的日子。他们之间亦有着不少的共同话题，评论文艺、写作、绘画都是他们的精神寄托。

只是，当新婚的新鲜劲过后，陈西滢性格方面的弱点也渐渐表露出来，他喜欢用俏皮话去挖苦人，朋友们都认为他尖酸刻薄。这让凌叔华感觉不太和谐。

为了收敛锋芒，每次凌叔华和陈西滢外出时，他都尽量保持沉默。然而，凌叔华也会抱怨。因为和他出去做客时，他不说话，对他不熟的人还以为他很清高，凌叔华便经常要为他去解释一番。或许正是因为这样，这对夫妇的节奏在人们眼中，便不像普通夫妇那样合拍。

后来，由于之前女师大风潮事件的发生，许广平和另外几名学生因弹劾杨荫榆校长（杨绛的姑母）而被开除了。凌叔华的师父周作人的兄长——著名作家鲁迅以鲜明的态度发表文章，表示同情学生，因此抨击了政府。恰好这时，陈西滢也发表了不同的见解，他认为学生容易被煽动和操纵，所以不应该鼓励学生去参与运动。

其实，这本是大家对同一件事不同的看法，用不着上升到“仇恨”的层面上。可是，早就看不惯新月派的鲁迅，便在刊物上正式展开了对陈西滢的唇枪舌剑。

夹在两派中间的凌叔华非常尴尬，到最后，还是由“知心大哥”胡适出面喊停，两方才算作罢。

告别

1928年春，新月书店出版了凌叔华的第一部短篇小说集《花之寺》，立即就在国内甚至日本引发了极大的关注。徐志摩还特地为凌叔华的这本书写了序言，这是他一生中唯一一次为人作序。

这部小说集由凌叔华的17篇短篇小说组成，文字清秀脱俗、淡然隽永，是少有的“闺秀派”风格。在这部小说中，有部分作品反映了闺中少女的黯淡生活，刻画了豪门闺秀的内心世界，以及太太阶层的庸俗生活，揭示了她们麻木丑陋的灵魂；有的作品展现了作为新式妻子的矛盾，表现出新时代女子试图打破原有格局的痛苦和无力感，并肯定了独立的女性意识。

徐志摩还将凌叔华比作“中国的曼殊斐尔”。曼殊斐尔是徐志摩曾经拜访过并且非常喜欢的一位英国女作家。他翻译过她的诗，还给她写过长篇的祭文。徐志摩曾经用最华丽的词句评价和称赞她的作品和成就，对于她的外貌，徐志摩更是称为：

> 眉目口鼻之清之秀之明净，我其实不能传神于万一……

徐志摩能将凌叔华称作“中国的曼殊斐尔”，足见凌叔华在他心中的分量有多重。

与此同时，凭借《花之寺》《酒后》等作品，凌叔华的才华已经展露无遗，成为和林徽因、冰心并称于世的民国“文坛三大才女”。也便在那时，凌叔华的内心，才像是为自己争了一口气似的痛快。

1929年，陈西滢应武汉大学校长之邀，决定离开北平，到武汉大学担任文学院院长。凌叔华也随着陈西滢去了武大，她想，换个新环境，说不定能拥有一个更好的平台。

在凌叔华离开北平之前，她忍痛把徐志摩和她的七八十封来往信件全都烧毁了。凌叔华是一个理智的女子，她将那些信件保留了许久，是因为她和徐志摩之间的情义。而这次能如此决绝地烧掉它们，心里的痛苦可想而知。但她明白，既然大家都有了彼此的感情归宿，那么，就一心一意地经营自己的婚姻吧。

一地鸡毛

然而，生活却给凌叔华开了一个很大的玩笑。

到了武汉大学后，凌叔华发现，陈西滢身为文学院的院长，职称却只是副教授。这不是被“降级”了吗？当这件事她还没想通时，书生气十分重的陈西滢，却要严格遵循西方的职场规则——夫妻二人不能同时在一所大学里任职。出于这个原因，他坚决不聘用才华横溢的妻子。

落寞和委屈向凌叔华袭来。她难免有“英雄无用武之地”的惆怅。从 6 岁开始受到父亲的宠爱后，一切都是顺风顺水，什么时候受过这样的委屈？可是，作为院长夫人，她也懂得要以大局为重。加上她已经怀有身孕，也只能暂时忍耐。

从此以后，对陈西滢心存芥蒂的凌叔华便开始独自使用一间书房，不允许任何人进入。这种暂时“与世隔绝”的状态，正是她需要的空间感和安全感，同时也是对陈西滢的一种“报复”。

随着时间的流逝，凌叔华并没有爱上武汉这座城市，她更希望能去法国发展自己的绘画事业。

那时他们住的房子条件不怎么好，院子又太小，能照射进来的阳光少得可怜。凌叔华总觉得原本有不少水域的武汉三镇，反而更像一片荒无人烟的沙漠，看不到任何希望。

凌叔华和陈西滢最初住在武昌西北的昙华林，后来搬到了武昌的珞珈山上。一同在武汉大学执教的两名女作家——袁昌英和苏雪林，她们是凌叔华文学圈的老友。由于三人有着相同的爱好和观点，凌叔华很快就有了找到“组织”的感觉，她们也因此成了亲密的好友。

三位才女在彼此的影响下齐头并进、相得益彰，成了享誉文坛的“珞珈山三杰”。这时的凌叔华也才知道，在群贤毕至的武大，却没有一个正级教授。连才貌双全的苏雪林，在武大的职称也只是讲师，这让她对武大严谨的制度有了一丝丝理解。但对于陈西滢那种“迂腐”的做法，她仍旧无法释怀。

不久，凌叔华生下了一个可爱的女儿，取名为陈小滢。

凌叔华才貌双全，气质淡然超群，大家都很喜欢她。而苏雪林特别喜欢凌叔华的眼睛，说她的眼睛清澈而又迷离，就像梦幻的诗人一样……

凌叔华依然努力创作着。同时，她为了寻找华中的文艺天才，还负责主编《武汉文艺》。毋庸置疑，凌叔华是当时文坛上的一颗光芒万丈的珍珠，更是那群才女中最耀眼的一朵奇葩。只是，在她的情感世界里，依然荒芜一片。

八宝箱

徐志摩去世的消息传到武汉后，凌叔华的心像是被撕裂了一样疼痛。同时，这件事也扰乱了她的生活。

由于陆小曼的生活非常奢侈，徐家又断了对徐志摩的经济支持，徐志摩不得不同时打好几份工来养家。1931 年 11 月，为了到北平清华大学去兼职授课，同时也为了给林徽因的讲座捧场，徐志摩搭乘了免费的邮政飞机，可飞机不幸坠毁，徐志摩罹难。

凌叔华对徐志摩的情感是复杂的，有倾慕、有思念、有理解、有依赖……为了表达对挚友的沉痛悼念，她在《晨报》上发表了一篇名为《志摩真的不回来了吗？》的文章，让人忍不住泫然泪下：

我分明记得你在南去前两天告诉我“明早要御风南去”，可是第二天在电话里你答我说“风太大，吹回来了”，电话里的带笑的顽皮声分明还在我耳朵里响，那绝不是梦，安知你这一次不会又向我来电话说被风吹回来呢……

徐志摩的父亲还请凌叔华帮他撰写徐志摩的墓碑——在徐志摩当初和原配夫人张幼仪离婚后，徐家得知他有凌叔华这位好友时，都希望徐志摩能把她娶回家。因此，徐父这时来请凌叔华去给徐志摩撰写碑文，也是想了却一个心愿。

就在这时，徐志摩以前寄存在凌叔华那里的神秘的“八宝箱”，也成了一个“烫手山芋”。

胡适要为徐志摩编撰《徐志摩全集》，打算把他的作品及手稿、信件、日记等内容汇总出版，一来是为了纪念他短暂而精彩的一生；二来，也可以为没有生活来源的陆小曼提供一些生活补助。因此，他联系了凌叔华，请她把“八宝箱”交给自己。

胡适的想法很好，凌叔华也很支持，便把八宝箱交给了他。她和陆小曼是好友，因此也嘱咐胡适，完成编撰工作后，一定要把箱子交到陆小曼的手里。

凌叔华不知道的是，林徽因那时也联系了胡适，说要借阅徐志摩和她在英国认识之后用英文写的两本《康桥日记》。可是，胡适收到的箱子里，却只有一本。当林徽因翻阅之后，发现最后几页还被人撕毁了。

林徽因又去找凌叔华交涉，凌叔华不愿再和林徽因纠缠，说自己交出徐志摩的“八宝箱”已经违背了当初对他的承诺，现在已经交出了文稿，再无其他了。

为了这件事，林徽因对凌叔华大为不满，可又没有别的办法，只好作罢。

最终，徐志摩另外一本《康桥日记》，也就成了一桩无头公案。林徽因手上那本不知被谁撕毁了最后几页的《康桥日记》，后来也没有还回去；胡适计划要编辑的《徐志摩全集》从此也没了下文。

情人

凌叔华遇到了一个让她彻底“疯狂”的人——朱利安·贝尔。朱利安是武汉大学高薪聘请的英国诗人，负责“英语写作”“莎士比亚”“英国现代主义作家”三门课程。他的母亲是一位画家，而他的姨妈是世界文坛上重量级的文学家——英国著名女作家弗吉尼亚·伍尔芙夫人。

朱利安英俊潇洒，年轻又有才华。那时的他已经出版了两本诗集，是布鲁姆斯伯里派的佼佼者。

朱利安到武大的当天下午，就去拜访了院长陈西滢一家。朱利安很喜欢陈家的家庭氛围，那一刻，他觉得陈西滢非常幸福，因为有那么漂亮而又多才的妻子，还有一个 6 岁大的可爱女儿。

朱利安不会说中文，陈西滢便让凌叔华负责接待和照顾这个远道而来的小才子。后来，当凌叔华得知著名的伍尔芙夫人是朱利安的姨妈时，顿时雀跃起来。

那个瞬间，凌叔华秒变一个热情的“粉丝”，眼睛一下亮了起来，朱利安当时就为她着了迷。让凌叔华没料到的是，自己也很快就被迷人的朱利安深深地吸引了。她热情地对待这位仅有26岁的客人，不仅为他当翻译，还陪他买生活用品、挑选桌布窗帘，甚至还细致地帮他布置宿舍。

朱利安正式开课后，凌叔华像个小学生一样去旁听他的课，想以此积累一些新的学问。随着两人的接触逐渐加深，热情似火的朱利安爱上了才华横溢的凌叔华。在他眼中，凌叔华是个“敏感而细腻，聪慧而有教养，有时还有点小坏”的可爱女子。

凌叔华也同样深陷在了朱利安那滚烫的诗句中，那些浪漫的诗句，一度让她回忆起徐志摩。但世间再无徐志摩，她只得沉湎在朱利安的爱情深渊中。

那团爱情的烈焰，使凌叔华顾不上丈夫与女儿了。有一次陈西滢出差后，朱利安趁机单独约会了凌叔华。凌叔华的激情很快就被朱利安点燃，她这才意识到，自己过去从来就没有体验过真正的爱与被爱。她的生命因为朱利安的到来，似乎才刚开始复苏。

武汉大学的大人们有时候会逗凌叔华的女儿小滢，问她想不想再要个弟弟。每当遇到这种情况，小滢都不知道该怎么回答对方，只好一头雾水地看着母亲。此时的凌叔华总是尴尬又坚决地摇头。

对一个人死心之后，如何还能在一起过“甜蜜恩爱”的生活呢?

不久，远在北平的一位师友去世了，凌叔华得到消息后，和朱利安一前一后地去了北平。凌叔华让朱利安住在离家不远的一间德国旅馆里，随后的日子里，他们不仅畅游了这座古城的名胜古迹，凌叔华还毫不避讳地带着他去见了师友们，如齐白石、沈从文、朱光潜、朱自清、闻一多等众多文艺界的名人。

在武大校园里，凌叔华始终会因为自己的身份有所顾忌。而在北平，她彻底摆脱了那些禁锢。她想和朱利安多呼吸一些自由的空气，多留一些美好的回忆。

和小自己 8 岁的朱利安在一起，年龄差距让凌叔华有些自卑。为了让自己看起来年轻一些，更为了让自己和帅气的朱利安更般配，她还特地去做了新发型、化了时髦的妆容，甚至还摘掉了眼镜。

恋爱中的女子，有时候明知是一些自欺欺人的行为，也会乐此不疲地做着。而热恋期过后，男女之间便只有两种可能：更爱或是不爱。

不久，凌叔华便知道自己不是朱利安的唯一了。朱利安在和友人们的通信中，坦言自己除了凌叔华之外，还有十来个女友。随着朱利安对凌叔华的热度退却，凌叔华开始和他有了争吵。

女人一旦爱上对方，就想和他厮守终生，更何况是凌叔华这位一身傲气的才女。但朱利安却并不想结婚，并和其他女子继续保持着暧昧关系。这个事实，让凌叔华十分痛苦。

回到武大后，凌叔华和朱利安的绯闻在校园里传开了。此时的凌叔华虽然很尴尬，但她已经被“爱情”冲昏了头脑，一心要嫁给朱利安。为了让朱利安妥协，她甚至还准备了毒药和匕首。如果朱利安再不答应，她就自杀，以死示爱。

朱利安见凌叔华如此刚烈，也考虑着可能发生的恶果。他转念一想，假若和她结婚，会有不少好处，毕竟她的娘家是那么富有。于是，朱利安改变了之前决绝的态度。在他的劝阻下，凌叔华的心情才慢慢平复了。

陈西滢知道了凌叔华出轨的事情后，非常痛苦。他对妻子既有爱，又有着崇敬。只不过在很多时候，他都不知道应该要怎么爱她才是她需要的。这对他来说，是一个终生的难题。

陈西滢没有当面责难凌叔华，而是给朱利安写信，让他不要再与自己的妻子见面。可是，一封封温文尔雅的信，怎么能阻止两个陷入热恋的人呢?

后来，陈西滢又三番五次地发现了他们约会的事实，痛苦的他依然没有和凌叔华吵闹。为了彼此的名声，他冷静地给了凌叔华三个选择：一、跟朱利安决断，夫妻重归于好；二、离婚；三、分居。

迷茫中的凌叔华一时不知该做何选择，她心里也清楚朱利安并不是托付终身的最佳人选。而一旦和陈西滢离婚，她将会失去很多。她权衡再三，只得先选择和陈西滢分居。

可是没过多久，凌叔华又继续和朱利安幽会。陈西滢发现后，一怒之下砸碎了朱利安的窗玻璃。这件事给他们三个人都带来了极其恶劣的影响，朱利安审时度势，不得不提前辞职回到英国。而作为院长的陈西滢，强压下心中的怒火，还强颜欢笑地为朱利安主持了欢送会。

当时有许多学生并不知道其中的内情，他们认为朱利安是一个思想新潮的知识分子，只是陈西滢太保守了无法接受，所以才把朱利安这样的人才给赶走了。陈西滢有苦难言，他考虑到妻子的名誉，也不去做任何解释。

爱，有时候会让人疯狂。朱利安走后，凌叔华的心就像被掏空了一样，整天失魂落魄的。她无法抵挡强烈的思念，又偷偷和朱利安取得了联系。

彼时，朱利安并没有践行对陈西滢的承诺，马上回到英国去，而是悄悄买了一张火车票，前往广州等着凌叔华。凌叔华找了个出差的理由去广州和朱利安见面后，又一同到香港度过了难忘的几天。

尽管凌叔华这次行程十分隐秘，但是陈西滢还是知道了她和朱利安在香港私会的事情。他责问凌叔华为什么又和朱利安见面，但凌叔华矢口否认，坚决说是朱利安一路追踪她。对于这样的谎言，陈西滢已经不再相信了。

几个月后，就在凌叔华幻想着和朱利安再见面时，传来了朱利安在西班牙前线阵亡的噩耗。在他临死前，还低声告诉救护人员：“我一生最想做的两件事——有个美丽的情妇和上战场。现在我都做到了。”那一年，他才 29 岁。

武汉大学的校友为朱利安举行了追悼会。陈西滢坐在第一排，哀悼那个既让他愤怒，又让他心疼的年轻人。

重生

救命稻草

凌叔华陷入了思念朱利安的悲伤中。那段时间，她沉默寡言，连女儿跟她说话，她也没有心思回答。

凌叔华与朱利安的绯闻闹得文学圈里尽人皆知，在凌叔华的想象中，她一定会招来不堪的骂名与无情的攻击，但人们却没有对她口诛笔伐。这并不是世人独独对她和善宽厚，而是因为她与人交往的时候都是温顺而随和的，因此也收获了文学圈里众多名流的友谊。

朱利安的突然离世使凌叔华难以承受，满心郁闷无处诉说。为了缓解内心的痛苦，凌叔华重新拿起笔开始创作。

凌叔华非常怀旧，每每说到幼年时的事情，她都会觉得很有意思。就连自己穿木屐走路时，不小心掉了几回底子的糗事，也不厌其烦地告诉朋友。毕竟，儿时的光阴总是让人难以忘怀。因此她创作儿童小说时，心情是最轻松愉悦的。不久，她的儿童短篇集《小哥儿俩》出版了。

随着又一年春天的到来，万物复苏，生机盎然，没有了精神支柱的凌叔华却不知道该怎样才能度过这段困苦的日子。她没有别的人可以倾诉，于是，她把自己的苦闷和彷徨都写信告诉了朱利安的姨妈——伍尔芙夫人。似乎，在这个和朱利安有着血缘关系的亲人身上，有着凌叔华迫切需要的精神力量。

伍尔芙夫人在回信中安慰凌叔华，她给凌叔华的指点与忠告就是“用工作来打败伤悲”。她鼓励凌叔华用英文写作，最好是写自己熟悉的生活和与自己有关的事物，比如写成自传。

凌叔华十分信赖伍尔芙夫人，逐渐和她成了好朋友。不过，在写作这件事上，她还是觉得以小说的形式来呈现比较合适。无疑，伍尔芙夫人慢慢地把濒临幻灭的凌叔华拉上了岸。

那时，抗战形势十分严峻。武汉大学要迁到四川，陈西滢带领一些老师先去勘察新校址，之后凌叔华才带着女儿随校迁往四川乐山。

一路上的兵荒马乱，几乎把凌叔华的意志击垮。到了乐山后，她依然不能在学校教书。

生活圈子更小了，“陈太太”仿佛就是她唯一的头衔，这个身份也禁锢着她的心。她依然不甘心，但没有把自己的所思所想告诉任何人。在她看来，别人能不能看懂自己的心，已经不重要了。

凌叔华想起了当年的选择，也只能苦笑。她自问，如果当初不和陈西滢结婚，是和另外的男子组成家庭，还会独守一生么？而当年自己的那些嫁妆——那 28 间房的后花园此刻还好吗？

回忆起凌府花园中的那间大书房，承载着太多快乐的回忆。此刻，唯有辛酸的泪水在凌叔华的脸上缓缓流过……

凌叔华重新拿起了笔，她暗暗发誓，要把自己所有的激情都倾注在笔尖，不是变成画作，就是变成文字。于是，在万分艰苦的生活条件下，凌叔华便寄情于丹青和写作，以此来淡化心中的痛楚。

这个方法非常有效。在那些年，凌叔华创作出了不少画作，还在成都、乐山各地连续开过几次画展。

一个人的精神充盈后，便不容易被身外的杂事所烦扰了。凌叔华正是找到了这条让自己静心的路，也终于找回了曾经丢失的自己。

1939 年底，凌叔华的母亲去世了，凌叔华便带着女儿回北平奔丧。母女二人辗转从香港乘船到了上海，再从天津绕道回了被日本人占据的北平。

她们依旧住在史家胡同，可是在这个非常时期，却让凌叔华感觉少了好些熟悉的声音：半空中嘹亮的鸽哨、人力黄包车的叮当、走街串巷的叫卖……这让整个北平城都显得寂寥了不少。

茫然之中，凌叔华也在问自己，或许，她坚持回到已经沦陷的北平奔丧，只是要达成“反抗”的目的吧：离开乐山、离开陈西滢。

母亲的后事料理完之后，凌叔华没有返回乐山，她受邀到了燕京大学任教。

战乱给凌叔华带来的痛苦，使她一度情绪不安。每当这种时候，她便再次沉浸在书画或者写作中。只有这样，才能让她的灵魂找到归宿。

这年秋天，由于华北战事吃紧，凌叔华决定带着女儿小滢离开北平回到四川乐山。当母女二人历经颠沛流离再回到乐山时，已经恍若隔世。望着乐山的青山秀水，回忆起一路的愁苦与尘埃，所有的酸甜苦辣都涌上了心头。凌叔华整理好思绪后，便把她从广州湾至柳州的这段经历写成了《由广州湾到柳州记》。

全文虽然只有八千多字，却非常详细地记述了母女二人逃难时的种种见闻和辛酸。当然，善于丹青描画的凌叔华，在展现战乱的同时，也用美丽的文笔描绘出了沿途的山川景色。

不久，陈西滢被派往英国工作，留下凌叔华和女儿在乐山。等到夏天房租到期时，母女二人便搬到万佛寺旁的万景山上。

这次搬家，又给凌叔华带来了一个新的“世界”。

母爱

万佛寺位于陕西街尽头，那会儿已经没有了寺庙，此时只是一块空地。武大为那些没有房子的教职员工盖了几排简易的临时住宅，凌叔华母女也分得一间很小的平房。这间平房，作为栖身之地来说是足够的。但是对于爱写爱画的凌叔华来说，又怎么够用呢？凌叔华便利用旁边的一块空地，请人倚着一株大树，搭建起了一座简易的小楼。

凌叔华的小楼很袖珍，要上楼的话，必须从外面搭起的一架小梯子攀上去。楼上的小空间被凌叔华布置成了一个小巧玲珑的书房，楼下也是一间很小的房间，可以用来吃饭、会客。偶尔凌叔华不在乐山的时候，女儿小滢就会好奇地跑到“小阁楼”上去睡觉。

凌叔华酷爱山间美景，在她住过的地方都有山。山对于她来说，恐怕已经是融入生命的一个重要元素了。坐在小阁楼上，静静地倾听树上的细碎鸟语，篱外的猫狗相斗，便觉得有了生活的热气。

让凌叔华感觉最幸福的是，在清晨的阳光中沏一盏茶，坐在鲜活的花草中，惬意地读着心爱的书，画着喜欢的画，这便是世外桃源。

小阁楼恰好面临岷江，江面上帆影点点，沙鸥闲飞，一切都是那么美。更巧的是，小阁楼正对着宋代大文豪苏东坡读书时居住过的凌云寺。也因此，凌叔华经常用苏东坡的乐观精神来鞭策和激励自己。

与中国千千万万个伟大的母亲比起来，凌叔华对女儿小滢的关切，恐怕就是偏于“冷漠”了。不过，既然是母亲，对自己的骨肉就不会真正漠视。

为了让小滢能记住美丽的乐山以及那段岁月，凌叔华给她买了一本纪念册。友人们依旧常常来聚会，朱光潜先生为这本册子题写了“皆大欢喜”几个字。那时，小滢已经有了学医的志向，朱光潜先生还对她说，以后学医的时候，也万万不要丢了文艺。因为，“文艺可以医人医自己”。

丰子恺先生在纪念册上画了一幅名为《努力惜春华》的画。这幅画上，是一个小女孩在浇花，而小女孩的面容，与小滢十分神似。其他许多文人也纷纷在这本纪念册上题了珍贵的笔墨，但大多数是他们对那个时代，以及对凌叔华的共勉之词。

由于来凌叔华这里的文人墨客众多，以至于到后来离开乐山时，纪念册已由最初的一本增加到了三本。这三本纪念册，不管对小滢还是对凌叔华，都是生命中不可或缺的珍贵烙印。在这几本册子里，不仅有凌叔华的画作，还有其他许多画家、作家以及将军、科学家留下的墨宝、题词。在战乱年代，这本册子的意义无疑是非常重大的。

那时，全国各地的物资都十分贫乏，物价也一路高涨。加上战事的临近，人们更是忧心忡忡。

凛冽的北风肆意地狂吼，房里更是阴冷潮湿。在夜间彻骨的严寒中，远远近近的咳嗽声遥相呼应着……而这些在曾经过着锦衣玉食生活的凌叔华看来，也仅仅是生活的一部分而已。她很庆幸自己能每天欣赏到天然美景，在艰难岁月中，得以陪伴她度过茫然的时光。

入冬后，凌叔华写下了一篇精短而隽永的散文《山居》，抒发了她对这间小楼的喜爱与感激：

这是一座附廓的小山，旁有废庙万佛寺，我们的房子筑在寺旁古坟堆上，好在左右均有古木细竹，把乱砖荒草芟除，却也多少寻得出倪云林画意。我一个人走出走入，不觉得冷清。

朴素的语言，淡雅的味道，一如她优雅的灵魂。

1943年秋，武大举行了三十周年的校庆活动，在乐山文庙西侧的一间大教室里举办了展览。凌叔华的一幅长卷陈列在房间正中的一张长桌上，约有一丈开外。在洁白的宣纸上，她用了极清淡的墨色简单地勾勒了若干丛水仙。

水仙虽然不属于“梅兰竹菊”四君子，但也有着“凌波仙子”的雅称。

凌叔华用极简的笔法，画出了它们淡雅清纯的韵致。满幅的清丽，叶与花皆脱尽了尘俗，格调说不出的高。那幅画的感觉，让朋友们已经说不出她是在画水仙，还是在画另一个自己了。

凌叔华对艺术的热爱，在沉寂多年后，终于等到了一个绽放的时机。

生机

1946 年，陈西滢已从英国远赴巴黎，在常驻联合国教科文组织出任代表。凌叔华便带着女儿陈小滢到伦敦与他团聚。

在陈西滢面前，她依然是冰冷的。只有她自己知道，在心底积蓄多年的求知欲，现在终于可以像火山一样喷薄而出了。兜兜转转，命运亏欠的，总会补偿给你，只是早晚而已。凌叔华这时也尝到了一丝“报复”的快感。

凌叔华先在联合国国际了解速成班学习并获得文凭，后来又在巴黎学习法文、研究印象派绘画。她依然谨记伍尔芙夫人的那句忠告：

用忙碌来让自己变得充实和强大。伍尔芙夫人的这个忠告，让凌叔华一生都受益无穷。

但是，浪漫之都巴黎的生活水平相当高，陈西滢的收入远远不够一家人的开销。于是，凌叔华选择带着女儿住在伦敦的家中。

夫妇俩分居两地，相聚的日子越来越少。或许，伦敦到巴黎之间的距离，正是凌叔华觉得最合适的。

当自己的心一旦给了另外一个人之后，要做到“破镜重圆”，完全是自欺欺人。凌叔华不想在陈西滢和女儿面前假扮恩爱夫妻，索性离开他，给彼此一个自由的空间。

经过时光磨砺的凌叔华，心态已经逐渐平和了。虽然出身名门望族，但是对目前的生活状况也能坦然接受。所以她除了操持家务之外，为了贴补家用，还欣然撰文、卖画。

凌叔华在伦敦安定下来后，陆续到一些大学讲授东方艺术与戏剧。同一时期，她还把主要精力放在了对西方文学和艺术的研究上。

凌叔华对丈夫是冷漠的，但是对其他同胞，她却有着古道热肠。虽然远离故土，但凌叔华的心一直都牵挂着祖国，对同样身在异乡的同胞也时刻关注着。

在中华人民共和国刚刚成立之初，著名的地质学家李四光先生准备从英国回国时遇到了危险。凌叔华得知这个消息后，立刻让陈西滢在深夜打电话给李四光，要他赶快离开住地。后来，李四光一家才得以顺利脱险。

虽然凌叔华没有直面战争，但她的民族情怀和信仰却一直都在。

后来，凌叔华偶然认识了被誉为“英国桂冠诗人”的韦斯特女士，两人相约在古堡顶楼的书斋喝茶。当时，韦斯特对一身才华的凌叔华很感兴趣，建议她可以尝试用英文写作。

凌叔华黯然地说起了她与伍尔芙夫人已经通信多年但从未见过面的往事。以前的那些英文书稿都寄给了伍尔芙夫人，由于她当初没有想过出版，所以自己并没有留下底稿。

韦斯特大为惋惜，不过没有气馁，她恰好也是伍尔芙夫人的好友。于是，韦斯特不辞辛苦地找到了伍尔芙的丈夫，然后煞费苦心地在他们夫妇以前的旧居中找到了伍尔芙夫人的遗物——还好，凌叔华《古韵》的那部分底稿都在那里，一页不差！拥着这份失而复得的手稿，凌叔华喜极而泣。她没想到过了这么多年，它们居然还能回到她的怀抱。

在韦斯特的大力帮助下，凌叔华用了多年心血打磨出的《古韵》全英文自传体小说终于出版了。书中的插图，也都出自凌叔华之手。插图中为读者展示的场景，也只有作者才能用自己的线条描绘出。

这部长篇小说很快就成为轰动全球的畅销书，并且使凌叔华在国际文坛上一举成名。

随着这本书的出版，以及它产生的影响，凌叔华也成了全球瞩目的书画才女。很快，凌叔华就接受了新加坡南洋大学的邀请，去担任中文系中国近代文学和新文学研究教授。在课余时间，她还热心辅导那些热爱文学的青年进行创作。

看着眼前这些朝气蓬勃的文学青年，凌叔华不由得想起了以前自己“强势”拜师的情景。一时间，往昔的回忆又纷至沓来，不禁感慨时光匆匆。

许多认识凌叔华的朋友都说她不会轻易地吐露心声，你只看得到她表面上的温婉，而根本无法得知她的内心到底是一池静谧的湖水，还是澎湃的江涛。

其实，凌叔华只是一个把自己包裹得很紧的女子，归根结底，还是在于她缺乏安全感。在她受到父亲宠爱之前的岁月里，或许能找到些许蛛丝马迹。被人欺负又不能反抗，被人冷落也不能改变……种种感觉，都很无措。所以，她只有把自己紧紧地包裹起来，才能感到安全。

凌叔华曾不止一次地叮嘱女儿：一个女人绝对不能结婚，绝对不能向一个男人认错，绝对不能！

任何一位普通的母亲，都希望女儿能找到好的爱情归宿。而凌叔华正是因为自己的不幸经历，才让女儿不要去轻易尝试婚姻。不可否认，她不想让唯一的女儿也遭受她的这份困苦和无助。

凌叔华之所以有“绝对不能向一个男人认错”的想法，是因为她出身名门，有一种与生俱来的傲气。所以，她怎么能忍受在武汉大学的时候，丈夫不给她安排工作呢？何况她是公认的才女，凭什么要在家里接受不公平的命运？说到底，这些问题，还是在武大时期埋下的心结。

在凌叔华身上表现出来的任何偏激行径，都是有迹可循的……

光芒

1962年冬，凌叔华应邀在巴黎举办了一次盛况空前的画展。除了她自己创作的三十多幅画作外，还展出了她收藏多年的元、明、清三代共十多位书画大家的名作，以及她收藏的各类文物、金石和文房四宝。如此多的珍宝得以向世人展示，当即就在巴黎轰动一时。

凌叔华的绘画在国内外都有着很高的声誉，这和她多年来积累下来的底蕴是分不开的。她从小就汲取到了众家之长，可谓学养丰富。

凌叔华在巴黎展出的这批文人画，几年后又被英国大英艺术协会借去，在伦敦为她举办了一次展出。同样，也获得了各界的高度称颂。

确实，这些国外的知名艺术家对凌叔华的评价是客观公正的。她既是画家又是作家，所以在作画的时候，她可能比其他画家会多一些不同的视角和感悟。

落叶归根

1964年，中华人民共和国和法国建立了外交关系，台湾驻法“代表机构”关门。陈西滢不得不离开巴黎，和凌叔华团聚了。由于工作的变故，使他的心情有些变化，身体也开始出现各种状况。但那时的凌叔华非常忙碌，也顾不上他，夫妇俩还是继续保持适合自己节奏的生活。

凌叔华与陈西滢之间越来越冷漠了，甚至有些陈西滢的老朋友来家里拜访他，也被凌叔华挡在门外。陈西滢却只能在女儿面前弱弱地发几句牢骚作罢。

1970年，陈西滢因中风抢救无效去世。人一旦不复存在，之前的是非恩怨也就随风而逝了。对于这么多年来的一些怨恨，凌叔华此刻也都放下了。她也不知道，这么多年的“报复”，究竟有没有意义？

也许，在那一刻，她才对陈西滢在武大时不让她任教一事表现出的“迂腐”释怀了吧。她坚持着陈西滢同样有的“落叶归根”的理念，将丈夫的骨灰安葬到了老家江苏无锡。

再坚强的意志、再乐观的心态，也抵不过疾病的来袭。九年后，凌叔华在检查身体时发现已经患了乳腺癌。好在通过加紧治疗，她暂时得以痊愈。这次患病之后，凌叔华开始有了回国定居的想法。几十载的漂泊，难以抵挡她心中对故乡山水的思念。

此后，凌叔华一有时间便开始回国游览祖国的大好河山。她像个学生一样，不管走到哪里都背着一套画具。她想把祖国的每一寸山水景致，都留在她的画笔下，印在她的生命中。

祖国的河山也不断激发着凌叔华的灵感。凌叔华除了把美丽的景色留于笔端之外，她还继续写作。这“两支笔”，为她的生命绘出了动人的篇章。

在异国他乡漂泊了多年，凌叔华落叶归根的想法越来越强烈了。离开故土的这些年，她是不快乐、不安稳的。虽然她在平日里抚琴作画、侍花弄草地聊以自慰，也可以偶尔飞回祖国探亲访友，但她的心却一直都系在中国这片土地上。

后来，凌叔华还授权给女儿小滢，把史家胡同的老宅捐赠给了国家。她知道，那样保存完好的明清大院，对于国家的意义远比她独自拥有更加重要。

到了年底，在女婿秦乃瑞（汉学家）的陪同下，凌叔华飞回了朝思暮想的古都北京。由于腰部受伤，她只能躺在担架上被抬下飞机。再次呼吸着故乡熟悉的空气，凌叔华终于如释重负地笑了。

凌叔华在医院刚过了 90 岁生日，医生就诊断出她的乳腺癌复发了。这次卷土重来的癌细胞，威力实在太猛，很快就让她陷入了昏迷之中。当她醒过来之后，马上就提出想去看看北海的白塔和史家胡同的故居。亲人们不忍心拒绝她的要求，便抬着她，由十多名医护人员护送着，一同来到了她朝思暮想的北海公园，看到了让她魂牵梦萦的白塔。

一路上，担架上的凌叔华望着蔚蓝的天空，这次终于又听见了半空中的鸽哨声、走街串巷的叫卖声以及人力黄包车的叮当声……一切都是那么亲切，恍若年轻时代的时光又回到了眼前。

在多年前那本《古韵》中，凌叔华曾这样写道：

“这是春天的画卷。我多想拥有四季。能回到北京，是多么幸运啊！”

而此刻，又何尝不是她的心声呢？

满头银丝的凌叔华躺在担架上，回到史家胡同故居时，她发现这里已经改建成了一家幼儿园。活泼可爱的孩子们用鲜花和笑脸欢迎着这位老主人回家，在孩子们的簇拥中，凌叔华不由得想起了儿时的时光。她望着天空低语道：“妈妈在等我回家吃饭呢……”

人这一生，本来就是一个画圆的过程吧？生从母体来，死亦思母去。

回到医院几天后，凌叔华在弥留之际，眼角泛着些许泪光，嘴里反复念着的，却是蓝颜知己徐志摩的名字。

女儿小滢握着她的手，一时不知应该怎样安慰母亲。小滢知道，母亲早年和徐志摩的那些信件，早已被母亲亲手销毁，连一张明信片都没有。她之所以会这样决绝，只是因为太在乎，才不想被任何一个外人了解他们之间的情感。

优雅的凌叔华终于走到了人生的尽头。在她走过九十个春秋的生命长河中，不仅留下了绚丽的色彩，还有一些不愿被世人解开的谜。

凌叔华的追悼会低调而隆重。她的骨灰被送到无锡惠山脚下，与陈西滢合葬在一起。

或许，在常人看来，凌叔华的一生算不上幸福，因为她没有把握好每一段感情，对家庭没有经营好，对女儿也不像普通母亲那样给予足够的呵护。但她的一生，又是如此熠熠生辉：书画双绝，桃李无数，还留给后人们无数值得珍藏的记忆……

到最后，凌叔华也实现了自己的心愿——回家。因此，她的这一生，还是圆满的。

海上旧梦何处寻

张爱玲

临江仙

题张爱玲

稚语张声吟月，红楼万紫流沙。
玲珑奇巧误朱霞。
浅情知错爱，冷暖泣韶华。

怯怯蹉跎几许，苍凉处处天涯。
云烟舒卷可为家。
青衫逐梦马，寒影似蒹葭。

在许多人的心目中，对民国时期大红大紫、后来又在海外漂泊的才女张爱玲，不外乎存有类似“恃才傲物”“刻薄”“清高”“凄凉”等印象。然而，世上没有无缘无故的爱，亦没有无缘无故的恨。对于她的一些“怪癖”，其实都是能追溯缘由的。

张爱玲是名门之后，一生的经历却让人感慨、唏嘘。时代留给她的印迹，以及她和家人、爱人、朋友之间并不太融洽的关系，都造就了她“凉薄”的性格，以及晚年挥之不去的“梦魇”。

家世

零落

位于上海康定东路 87 弄苏州河畔的一栋民国大宅，是晚清重臣李鸿章送给爱女李菊耦的陪嫁。当年，因李鸿章爱才心切，把爱女李菊耦嫁给左副都御史张佩纶，成了继室。

张佩纶和李菊耦婚后琴瑟和鸣，人们称颂他们可比宋代的赵明诚与李清照。夫妇俩生育了一儿一女，取名为张志沂和张茂渊。张佩纶在南京去世后，李菊耦就带着儿女到了上海定居。

张志沂天资聪颖，幼年时期在母亲的严格教导下，深谙古诗文，时常写诗填词，自吟自乐。青年时期的张志沂一直都遵照母亲的教诲，养成了庄重朴实的生活习性。

然而，当母亲离开人世后，他尝到了“自由”的味道。同时，也在一些纨绔子弟的影响下，沾染了不少恶习。后来，张志沂娶了同样出身名门的黄素琼（后改名为黄逸梵），她是晚清首任长江水师提督黄翼升的孙女。由于二人门当户对、才貌相当，被人们称为“金童玉女”。

只可惜，家世上的门户相当，并不能保证婚姻中的夫妻在性格和情感上的和谐一致。黄逸梵虽然裹了小脚，但从小就接受了西方教育，思想很开放。张志沂却是幼承家学的守旧才子，他不仅碌碌无为，还有吸食鸦片、狎妓等诸多恶习。

夫妻间的矛盾，在鸡毛蒜皮的琐事中渐渐凸显出来。这个家，被不断的争吵声打破了当初的宁静与和美。

张爱玲就出生在祖母这栋陪嫁的老宅里。父亲张志沂给她取名为张瑛（后来母亲给她改成了张爱玲）。次年底，弟弟也出生了，取名为张子静。

张志沂没有什么远大的目标，他只希望一家四口过平凡简单的生活。但是他的那些恶习，使“平凡简单”的愿望变得困难重重。

黄逸梵的心气是极高的，她无法忍受丈夫的不思上进与种种恶习，在屡屡失望中，便开始想着离开这个让她窒息的家。然而，对于她想出国的想法，张志沂极度反对，更不可能给她提供经济上的支持。

父亲和母亲之间的关系很糟糕，时常让年幼的一双儿女无所适从。

每当父母吵闹的时候，幼小的张爱玲便一脸惶恐地拉着弟弟走到他们身边，摇着他们的手，试图劝解和阻止。但是，张志沂和黄逸梵的“战争”却依然在持续升级。

并不和谐的家庭氛围，填充着张爱玲幼时的记忆。

黄逸梵亦有自己的倔强，现实并没有使她退却。她和双胞胎弟弟继承了娘家的财产后，要了家里的古董。只需卖掉一点古董，就足够出国的费用了。

那时，张志沂的妹妹张茂渊因为继承张家遗产的事，和胞兄张志沂及另外两个同父异母的哥哥反目成仇。打完官司后，便愤然和哥哥们断绝了关系。她联系好了国外的学校，准备出国留学。

黄逸梵得知此事后，正好以小姑子张茂渊监护人的身份和她一起出国。

离别那天的情景，张爱玲多年后还记忆犹新：妈妈那天穿的是苹果绿的旗袍，旗袍上面缀满了闪光的珠片……

思念

黄逸梵走后，4 岁的张爱玲每天夜里都会梦见她。醒来时，只有满庭皎洁的月色。为此，她还作了一首吟月诗给私塾先生看，先生连连赞叹，夸她以后必成大器。

那段时间，让张爱玲相信母亲还爱着她的，是黄逸梵不时从国外寄回来的漂亮衣服和玩具。唯有摩挲着这些，从指间到心间，才能让她感受到遥远的、温柔的母爱。

黄逸梵走后，张志沂的情感无处寄托。精神好一些的时候，他也会在房间里背诵一些古文、教一教爱玲写诗填词，或是看一些胡适先生的书。在他的影响下，小爱玲也爱上了阅读，成了一个敏感的小女子。

张志沂终是忍受不了无人诉说的苦闷，就带了一个姨太太回家，家里便整天弥漫着大烟的味道和颓废的气息。但很快，他又与姨太太闹翻了，将她赶了出去。

张爱玲的思维异常活跃，在文字上也极富天赋。对于父亲的阴晴不定，她在恐慌的同时，也渐渐学会了把所有的思绪都凝聚到笔尖，用她对人世间少得可怜的感触，开始在本子上创作。

只有 7 岁的女孩，识字的数量毕竟有限。有时候父亲无暇管她，她便跑去向家里的厨子询问生字。没多久，她竟完成了第一部小说。这部小说以家庭悲剧为主题，在张爱玲的字里行间，映射着心中对残缺家庭的痛。

8 岁时，张爱玲又开始写一篇乌托邦的小说，名为《快乐村》。在草稿本上，她还根据相关内容画了许多有趣的插图。这篇小说一直没有完本，在草稿中，全是她对未来生活的梦想。

其实，张爱玲知道父亲对母亲的感情是刻骨铭心的。因为她曾看见，父亲在煎熬之中，还接二连三地写了一些表达他相思的诗词：

才听津门金甲鸣，
又闻塞上鼓鼙声。
书生自愧拥书城，

两字平安报与卿。

在寄到国外的这些信中，张志沂对黄逸梵承诺，他一定要去医院戒毒。他还寄去了他和一双儿女的小照，只是独独缺少她。黄逸梵被感动了，有了回国和丈夫重新开始的打算。

在一天天的盼望中，黄逸梵和张茂渊姑嫂二人由英国返回上海，一家人终于团聚了。

张爱玲高兴得手舞足蹈。只要有母亲在，她的世界就满是和暖的阳光，也才像一个被父母捧在手心的乖乖女。

黄逸梵富有艺术气质，酷爱读老舍的书，并擅长绘画与音乐。“优雅”和“高贵”是小爱玲对母亲最初的印象。那时，她的心愿就是成为像母亲一样美丽精致的女子。

在黄逸梵的引导下，聪慧的张爱玲开始正式学习绘画、英文和钢琴。她的领悟力很强，无论学什么，都在短时间之内有显著的进步。幼时的张爱玲很喜欢用明快、艳丽的颜色。这些颜色反映出她的性格，原本是单纯而炽热的。

长大后的张爱玲曾经在《谈音乐》这篇文章中写道：

我不大喜欢音乐。不知为什么，颜色与气味常常使我快乐，而一切的音乐都是悲哀的。

颜色这样东西，只有没颜落色的时候是凄惨的；但凡让人注意到，总是可喜的，使这世界显得更真实。

然而，短暂的和谐欢愉之后，张家又不太平了。

有一次，张爱玲又听见父亲母亲吵得不可开交。原来是张志沂当初承诺去戒毒，可是拖了这么长的时间，他仍不肯去。黄逸梵忍无可忍，终于和他争论起来。

用人们吓坏了，忙把张爱玲姐弟带上楼去。姐弟二人在大阳台上骑着儿童脚踏车，什么话都不敢说。张爱玲隔着茂密的树叶，看到了斑驳的一地光影，听着父母声嘶力竭的唇枪舌剑，她泪流满面却又无可奈何。

日子在指间一天天地流逝着，张爱玲和弟弟也一天天地长大了。黄逸梵觉得孩子们应该到学校去接受群体教育，那才是一个健康的成长环境。

张志沂的思想很保守，在他根深蒂固的思想里，唯有私塾，才是最适合孩子们的教育模式。因此他坚决反对让两个孩子去外面上学。他对一双儿女的成长，也并不太在意。张爱玲表现出的一些天分，他没有表露出什么欣喜；而张子静的性格又太过阴柔懦弱，他亦很不欣赏。

夫妻俩争执不下，黄逸梵便偷偷找了个机会，把 10 岁的张爱玲带出家门，送到了美国教会办的黄氏小学。报名时，黄逸梵说："'张瑛'这个名字不响亮，你以后早晚都会到国外生活的，就用'Eileen'的音译'爱玲'吧。"张爱玲对新名字很喜欢，可她不知道，这个名字里虽然有"爱"，可她一生都缺爱。

这件事让张志沂大发雷霆。好在，他并没有坚持让张爱玲退学。平常，张爱玲就和同学们住在学校里。每逢假日，张志沂还让家里的司机去学校接她回家。张子静就没有这么幸运了，张志沂一直不让他去学校。想来，他一个人在私塾的日子，就更加单调和郁闷了。

黄逸梵和张志沂的婚姻没办法维持下去了。黄逸梵办好协议离婚后，与小姑子张茂渊搬到了法租界。张爱玲和弟弟仍然与父亲一起生活，又开始在无休无止的等待中，盼望着和母亲再度团聚。

期盼

张志沂戒毒后，虽然在忍不住的时候偶尔会再抽抽鸦片，但比以前要节制很多了。在心情好的时候，他就去张爱玲的书房看看书，再发点牢骚。天气好时，也会带她去南京路上买买点心、喝喝咖啡。

能跟在父亲身边，张爱玲的心里亦是暖暖的。

那时，有一本晚清士人韩邦庆写的章回体吴语小说叫《海上花列传》，鲁迅先生评价它“平淡而近自然”。张志沂受此影响，也常常沉浸其中。时间一长，张爱玲对它也有了兴趣。每次回到家中，都要请私塾先生读一读这本书。

私塾先生在读书时，还会模仿书中角色的语气念一念“台词”。每当遇见有妓女对白的桥段时，就会憋着嗓子惟妙惟肖地讲一段。私塾先生的“演技”一流，常常逗得张爱玲和弟弟忍不住笑得打滚。在爱玲的生命中，那段时光是非常温馨的。

后来，张爱玲也开始读《三国演义》《西游记》《七侠五义》等古典名著，而她最喜欢的还是《红楼梦》。受《红楼梦》的影响，她利用闲暇时间，开始写穿越题材的小说《摩登红楼梦》。

在张爱玲眼中，父亲在吟诗填词的时候，便是世间最有才情、最完美的男子。青春期的少女情感总是很丰富，张爱玲就把对父亲的崇拜之情全都汇集在笔下，频频在校刊上发表短篇小说、书评等作品。

因为父亲的缘故，酷爱中国传统文学的张爱玲也跟着他学写旧诗。同时，她对英文也有一种特别的天赋，在她考上了上海圣玛利亚女校后，就立下了一个雄心壮志——要像林语堂先生一样，以漂亮的英文小说成名于天下。

不久，期盼父亲母亲破镜重圆的张爱玲彻底灰心了。因为黄逸梵已经有了外国男友，这让张志沂断了念想。接下来，张志沂也再婚，娶了原北洋总理孙宝琦的女儿孙用蕃。

青春期

决裂

14 岁的年纪，正是青春期孩子情绪容易爆发的阶段。敏感而脆弱的张爱玲，把原本对父亲的那份依恋，转化成了一种说不清的怨尤。似乎，父亲的再婚，就意味着对她的“背叛”。她和继母的“狭路相逢”，自然会产生一些不可想象的冲突。

孙用蕃和张志沂一结婚，就把家中所有关于黄逸梵的东西都扔掉，又统一换了用人，以彰显她的女主人身份。为此，张爱玲这个叛逆的少女后来在文章中曾这样抒发着对继母的态度：

> 如果那女人就在眼前，伏在铁栏杆上，我必定把她从阳台上推下去，一了百了……

孙用蕃不知道张爱玲如此憎恨自己，还特地选出两箱漂亮的旧衣衫送到她的房间，想以此拉近“母女”之间的关系。然而，她却大大地伤害了张爱玲的心。

从张爱玲的角度来看，孙用蕃一进门就把母亲的东西全都扔了，这是对她母亲最大的挑衅和不尊重；另外，孙用蕃假惺惺地送来那么多的旧衣服，更是对她赤裸裸的羞辱。

张爱玲后来这样写道：

我那都是因为后母赠衣造成一种特殊的心理，以至于后来一度clothes-crazy（衣服狂）。

在《童言无忌》中，张爱玲又用这样的文字来记录继母给她旧衣服的痛：

有一个时期在继母统治下生活着，拣她穿剩的衣服穿，永远不能忘记一件暗红的薄棉袍，碎牛肉的颜色，穿不完地穿着，就像浑身都生了冻疮；冬天已经过去了，还留着冻疮的疤——是那样的憎恶与羞耻。

这份痛，终于成了张爱玲一生都挥之不去的“梦魇”。也因此，当她拿到第一笔稿费后，就开始买许多鲜艳的衣服和口红。似乎她要用那些崭新亮丽的东西，去驱赶刻在心上的那份“耻辱”。只是，张爱玲心中埋下的那份“耻辱感”早已经刻骨铭心了。她也时常在不同的作品中，去反复提及让她伤痕累累的往事。

张爱玲的生活，并不是她可以选择的。本应在父母膝下承欢的年纪，却因家庭的变故，不得不承受着与她年龄不相符的压力。那份沉重，使一个敏感的少女变得更加尖锐。为了保护自己，她不得不像个刺猬一样，竖起了更多的刺。

张志沂很在乎新太太，因为孙用蕃和他有着相同的爱好——吸鸦片。相比黄逸梵，还是孙用蕃和他更有共同语言。因而，他的情感天平总是倾向于孙用蕃这边，时常去斥责、打骂两个孩子。

在这种情况下，张爱玲对家的感觉是厌恶和恐惧兼而有之，她便情愿待在学校里。可事实上，她在学校的时光也是不快乐的。

母亲不再给张爱玲寄衣服来了，她只能穿继母给的旧衣服。而成人的那些摩登款式的衣服，要套在一个青涩、瘦削的女学生身上，给人的感觉总是怪怪的。于是，“奇装异服”成了张爱玲的一个标签，并且受到了来自老师和同学的蔑视。

但同时，大家又非常喜欢张爱玲的文采，对她的作品都争相阅读。在种种不同的“关注”中，张爱玲找不到属于她的位置，只能继续特立独行着。这也让她有了更多的创作时间。

在整个纠结的青春期，张爱玲完成了上下两册《摩登红楼梦》。那次，父亲难得的高兴，还帮她拟好了回目。这本长篇小说构思新奇，张爱玲将《红楼梦》中的人物悉数“穿越”至今，在上海滩演绎着一个个幽默故事。这对于一个只有 14 岁的小女生来说，也算得上是鸿篇巨制了。想必张志沂在为女儿拟作回目时，内心也应当是骄傲的吧。

只是，张志沂的举动，并没有填平张爱玲和继母之间的层层沟壑。

张爱玲从圣玛利亚女校毕业那年，黄逸梵携美国男友返回了上海。这时的上海时局动乱，常常听到炮火声。通常，女人家总是胆小怕事的，黄逸梵亦不例外。她担心张爱玲的安危，于是托人传话，让张爱玲搬去和她住在一起。

张爱玲乐滋滋地在母亲那边住了半个月，感受到了霞飞路的繁华与热闹。这半个月的时光对她来说是一种奢侈，更是一种积累。在以后的文学创作中，她也经常用到这些场景。

当张爱玲心情大好地回到张家后，继母气急败坏地给了她一个耳光。张爱玲本能之下想要还手，竟遭到父亲的一顿毒打，还把她关了起来。

不曾想，这一关就是大半年。

张爱玲在那间小黑屋里度过了 17 岁生日。其间，她还患了痢疾，差点死掉。她想，就这样死了也好。可是一想到母亲，以及母亲背后那片光鲜亮丽的世界，她又萌生出一线生机来。

一天，张爱玲趁两名看管换班松懈时，终于跑了出去。在无限的绝望与黑暗中，她彻底割断了父女间的亲情。

每个人的命运都像是一副多米诺骨牌，脚下的每一段路程，对他的未来，都会产生一系列的影响。张爱玲亦是如此。

父亲从以前的温情和关爱，到如今的“无情”与“凶狠”，对张爱玲的打击太大了。不可否认的是，张爱玲对父亲的“恨”，其实恰恰说明她对父亲有着深深的依恋。

信念

一路上，张爱玲踉跄的步子也因为有了对新生活的期盼而坚定起来。

可是，张爱玲的生活就像是一部反转剧一样，黄逸梵对女儿的到来并不欢喜。因为她觉得张爱玲这个女儿在很多方面始终达不到自己的期望——张爱玲是个路痴，没有什么方向感；她动手能力不强，甚至不会削苹果；她还是有着自闭症的女子，害怕与人打交道……

张爱玲在母亲这份过高的期许面前，渐渐地卑微了下来。她没有让母亲喜欢的外表和能力，那么，能证明自己优秀的，恐怕就只有学习成绩了。于是她埋头苦学，希望有朝一日能得到母亲的好评。

张爱玲参加了英国伦敦大学在上海举行的一次远东区招生考试，她以优异的成绩荣获第一名。然而，因为战乱，她只能去香港大学就读。

张爱玲在港大上学时，成绩同样优异。在《西风》杂志社举办的征文比赛中，她那篇洋洋洒洒的《天才梦》还拿了奖。

当童年的狂想逐渐褪色的时候，我发现我除了天才的梦之外一无所有——所有的只是天才的乖僻缺点……

就连那句脍炙人口的“生命是一袭华美的袍，爬满了虱子”也出自这篇文章。

不久，这位人们眼中的小天才，还得到了一位教授私人奖励她的800 美元。这笔奖金，无疑让张爱玲拥有了一份踏踏实实的成就感。

那时黄逸梵也在香港。张爱玲想让母亲对她刮目相看，就兴冲冲地把奖学金拿给母亲。黄逸梵却用成年人的思维方式，怀疑张爱玲与教授有染，甚至冲进卫生间要检查她的身体。

张爱玲万万没想到，一直被自己视为女神的母亲会有这番可怕的举动，她的心开始撕裂，并慢慢滴出血来。第二天，母亲竟把这笔奖金拿去赌博。这个举动，把张爱玲心中那点可怜的自尊践踏得丝毫不剩。

看着陌生的母亲，张爱玲不禁心中怅然，以前那个优雅美丽的女子，什么时候变成这样了？

与母亲心生间隙后，为避免再次受到伤害，张爱玲开始刻意与她保持着距离。这也让她明白了一件事，以后的路，恐怕要自己一个人走了。

在香港大学的三年时间里，张爱玲最留恋的地方是图书馆。她迷恋上英国作家萧伯纳、毛姆。此后，她便勤加练习英文，一心想成为一名英文作家。

张爱玲在港大时，还认识了终生的挚友——炎樱。张爱玲是清高的，对其他同学肆意嘲讽，唯独赞赏炎樱。在张爱玲心中，俏皮可爱的炎樱有时候像个诗人。更多时候，像是她灰暗生命中的一缕阳光。因而，她只有在与炎樱交往时，似乎才完全收起锐利的“棱角”，才可以像个普通女孩一样肆无忌惮地去逗乐。

炎樱是个喜欢恶作剧的女孩。有一天清早，她为了把张爱玲叫醒，竟然把一盆冷水直接泼到张爱玲的头上。张爱玲醒后又惊又气，直接用英文开始骂她。看着“阴谋得逞”而哈哈大笑的炎樱，张爱玲却束手无策。过不了多久，张爱玲便会原谅她的“可恶”。

说起来有些不可思议，炎樱虽然和张爱玲同岁，却成了张爱玲那时唯一可以依赖的人。有一次港大放暑假，张爱玲以为炎樱一定会等着她一同回上海的，没想到炎樱已经走了。张爱玲的心里没法接受这个事实，竟趴在床上哭得稀里哗啦……年轻女孩的“玻璃心”，在她身上体现得淋漓尽致。

随着珍珠港事件的爆发，香港也沦陷了，港大在她们毕业前夕停了课。张爱玲和炎樱只得返回上海，进了圣约翰大学。

由于张爱玲没有生活来源，便开始了半工半读的生活，但没多久，由于身体吃不消，只好辍学。她回到了姑姑住的地方——爱丁顿公寓。公寓高档而摩登，窗外就是繁华的静安寺闹市区，住在这里非常舒适。

张爱玲需要谋生，又不喜欢和人打交道，便决定在公寓里潜心笔耕。终于，在不久后，她在一本月刊上发表了小说《沉香屑・第一炉香》。张爱玲的文笔犀利且华美，言辞间锋芒毕露，刚刚 22 岁的她一炮而红。成功的喜悦激励着张爱玲，她再接再厉，又发表了续作《沉香屑・第二炉香》。

炎樱后来从圣约翰大学毕业后，没多久就开了一家服装店。张爱玲不但为她的服装店写过四篇题为《炎樱衣谱》的广告，还穿着炎樱设计的另类时装去印刷厂，导致厂里那些排字工人都好奇地去围观她。

这份真挚的友情，早已经深入骨髓。张爱玲把炎樱看得很重，她笔下的每篇文章都有炎樱的身影。而出版书籍时，也多是请炎樱设计封面，书中的插画也由炎樱上色。

二人之间合作得很是默契，这种难得的默契，无疑也是一份幸运。这两个才华横溢的女孩，她们的整个青春亦都被这份友情温暖着。

炎樱与张爱玲都喜欢绘画，张爱玲也给炎樱画过肖像，放在自己的书中做插图。张爱玲成名后，炎樱也成了她的“御用”造型师，张爱玲的许多相片都出自炎樱之手。

惊艳的时光

新婚

张爱玲成了上海炙手可热的女作家，此后的她依然深耕于纸笔间。两年后，张爱玲在《天地》杂志上又发表了小说《封锁》。她却不知道，鬼使神差地，因为这篇小说，也把她自己“封锁”在了半世情劫里。

张爱玲笔下那感性而美丽的文字，无意中触动了一位名叫胡兰成的读者的心弦。他从《天地》杂志社总编苏青那里了解到张爱玲的情况，并和她约好了见面的时间。

第一次与胡兰成见面时，为了显得成熟些，也为了武装自己脆弱的内心，张爱玲特地翻出了许久不穿的水獭皮大衣，如约到了胡兰成的公寓。

见面后，张爱玲发现胡兰成的侧脸很像父亲，在不经意间，她竟有些贪婪地、久久地望着那个侧影。胡兰成发现后，便一番高谈阔论、引经据典……后来又话锋一转，很随意地问起张爱玲每个月的稿费有多少。

这个问题，使张爱玲从心底升起了一丝暖意。因为这么多年来，从来就没有一个人关心过她的生计问题。久违的被父亲疼爱的感觉，在瞬间就弥漫开来。就这样，胡兰成在无意中打动了她的心。

这次见面，张爱玲不知不觉地就和胡兰成聊了五个小时。不知不觉中，竟对他有了一丝不舍的情愫。她一时分不清这种情感，似乎是对父亲的迷恋，又像是对一个异性曾给予自己关怀的感激与渴望。

此后，张爱玲没有在意姑姑对她的提醒，义无反顾地爱上了胡兰成。她已经被爱情冲昏了头，只希望在她苍白的生命里，能抓到一点爱情的色彩。她爱得卑微，可仍在尘埃中开出花来。不管他是怎样的，她都自愿被裹挟着，和他一同卷入滚滚的红尘中。

38 岁的胡兰成和他的第三任妻子离了婚，与 24 岁的张爱玲结婚了。而婚礼的见证人，只有炎樱和胡兰成的一位侄女。他们在婚书上写着：

胡兰成与张爱玲签订终身，结为夫妇。愿使岁月静好，现世安稳。

前两句是张爱玲写的，后两句是胡兰成加上的。胡兰成知道，什么样的文字才能让张爱玲安心。

婚变

张爱玲怎么也没想到，新婚还没有多久，她期盼已久的爱情就降了温，她得到的“幸福”转眼就流失了。

胡兰成变了心，他要纳17岁的小护士为妾，不久又有了另外的新欢。张爱玲肝肠寸断，眼泪夺眶而出。但最后，她还是说服自己选择了原谅。

那时，上海兰心大戏院持续上演了根据张爱玲的成名作改编的话剧《倾城之恋》，场场爆满。再加上那些小说的畅销，张爱玲能有不少的收入。也只有这些好消息，才能抵挡一阵胡兰成的变心给她带来的疼痛。

张爱玲终于明白，胡兰成所谓的爱情，跟她要的爱情大相径庭。可她还是不甘心，希望有一线机会把胡兰成争取到自己身边来。于是她放下身段，又去温州与胡兰成及其新欢同住了二十多天。

在这些天里，张爱玲感受到了切肤之痛，他们之间的眉目传情，让她遍体鳞伤。最终，她决定彻底割舍胡兰成。张爱玲走的那天下着小雨，她撑着伞站在船头，看着翻滚的江水，终于把心里所有的委屈都释放了出来，痛痛快快地大哭了一场。

张爱玲回到上海后，工作一度陷入僵局，每日只喝西柚汁，还因为缺乏营养险些死去。好在有姑姑的开导，张爱玲后来应桑弧导演的邀请，又开始编写电影剧本《不了情》和《太太万岁》。在创作期间，她亦几近崩溃……

张爱玲厘清了自己的情感，终于写了一封绝交信寄给胡兰成。两个剧本的稿费一共是 30 万元，她也全都寄给了胡兰成。毕竟他是她唯一爱过的人。他衣食无忧，她便可以不再牵挂了。

这段仓促的婚姻，就此支离破碎地结束了。这一年，张爱玲 27 岁。

胡兰成很快就后悔了，还请炎樱出面替他说情。这次，张爱玲没有再心软。这次婚姻让她明白，低到尘埃里开出的花朵，因为没有阳光的滋养，也会很快枯萎。而那阳光，或许来自对方，或许是来自自己的内心。

惊艳过的时光，这时灰暗地落了幕。张爱玲只能收起破碎的心，渐渐从曾经深陷的泥淖中走出，继续在落寞中疗伤。

“人这一辈子会遇见两个人。一个惊艳了时光，一个温柔了岁月。”张爱玲的爱情，当那个惊艳了时光的人黯然离场后，温柔的那个人也总会如期而至。

友情

张爱玲的性格是复杂的，由于她经历的生活太复杂，造成了她性格上的多面性。对不同的人，她亦表现出不同的模样，以至于给人们留下了两个极端的印象：友善与冷漠。

人的一生中，爱情占的比重很大。而友情，则是一个人的生命中不可或缺的组成部分。再“冷漠”的人，都会有他的精神支柱和友人。而张爱玲的这些友人，在她人生的不同时期，都曾为她遮风挡雨、为她温暖过岁月。

游离

几年后，张爱玲得知香港大学针对在战争期间停学的学生可以提供复读的机会，她便提出了申请。港大很快就有了消息，通过了她的申请。

张爱玲临走前，姑姑把珍藏的家族照片全都交给了她。姑侄二人都明白，这一别，极有可能再也见不了面。可她们又都是极苍凉又坚韧的女子，纵然眼泪就在眼眶里打转，也都忍着不让它落下来。

张爱玲只身去了香港大学，却因当年申请下来的奖学金不能兑现，她没有足够的生活费，只能想办法在香港谋生。只是，要在寸土寸金的香港找一份心仪的工作并不容易。到了 11 月，眼看就要流落街头了，张爱玲收到了炎樱寄来的一封信。

那时的炎樱，凭着蹩脚的日文，已经和丈夫做起了几十亿日元的生意。她的这份经商能力，着实让张爱玲刮目相看。

炎樱在经商方面的天赋，应该是来源于她的家庭。炎樱本姓摩希甸，名法提玛，父亲是斯里兰卡人，信回教，在上海经营着自家的珠宝店。母亲是天津人，为了与心爱的人结婚，毅然和家里决裂了。炎樱身上的热诚、爽朗的性格，都是来自父母的遗传。

炎樱热情地邀请张爱玲去日本，说能帮她找一份工作。张爱玲感动的同时，也在炎樱张扬的炫耀中，情不自禁地产生了一份相形见绌的自卑。张爱玲无路可走，只能抱着一线希望去日本试试。

虽然炎樱已经结了婚，但两个好姐妹仍然可以像以前那样享受着久违的友情。两人搂在一块儿，回忆着以前吃蛋糕时，因为赌气而各自付账、为乘三轮车后该谁付费而争论不休的种种场面，笑得都流出了眼泪。

那时，日本的经济环境不景气，张爱玲的工作始终无法落实。虽然可以暂时在炎樱家里落脚，但她不想总是借宿在这里打扰他们的二人世界。张爱玲十分焦虑，这样的日子一直煎熬到次年二月才终于有了好消息。

张爱玲接到了从香港寄来的面试通知。她拿着信，竟然像个小女孩一样雀跃起来，抱着炎樱又哭又笑。

希冀

面试张爱玲的是美国新闻处编译部主任宋淇。当时，他在港报上公开招聘海明威作品《老人与海》的中文译者，张爱玲就试着投了一份简历。

宋淇对张爱玲标准又优美的翻译水平惊叹不已。那一刻，张爱玲成了他眼中的天才。巧的是，宋淇的太太邝文美，竟然还是张爱玲的“粉丝”。两个女子就这样相识了，还一见如故。

邝文美对张爱玲有了全新的认识，她觉得张爱玲非常风趣可爱，韵味无穷，而不像人们传说中的“清高”“高傲”的样子。大家同是上海人，很快，爱玲就和宋淇、邝文美夫妇成了好友。

张爱玲在英皇道附近租了一个小房间，房间逼仄而简陋。她只能斜坐着，在床侧的小茶几上翻译着世界名著。

邝文美和炎樱比起来，性格完全不同。她是知识分子，因而为人十分低调、含蓄且温婉。那时邝文美每天都会去张爱玲住处看看，若是张爱玲的生活上有什么需要，她便会在第一时间帮着解决。

张爱玲也很善解人意，时常为邝文美和宋淇考虑——每晚一到八点钟，便会催邝文美赶快回家，免得宋淇和孩子担心。因而，张爱玲总是打趣地叫她“八点钟的灰姑娘”。宋氏夫妇就在这日复一日的平淡生活中，用无形的阳光温暖着孤独的爱玲。

就在英皇道附近的这个房间里，张爱玲翻译了《老人与海》《爱默生选集》《美国七大小说家》等书。她翻译的《老人与海》一经面世，立即被奉为经典。

随着《秧歌》《赤地之恋》英文版的出版，《纽约时报》书评专栏还连续两次发表评论。后来，中文版也问世了。那时，远在美国的胡适先生，因为一直都欣赏张爱玲的才华，便来信让张爱玲给他寄几本书去。张爱玲慎重地斟酌后，将这部拿得出手的《秧歌》中文版，寄了五本给胡适先生。

胡适非常喜爱这部《秧歌》，在后来的通信中，张爱玲和他逐渐成了忘年交。

三年后，美国颁布了难民法令，张爱玲开始有了去美国的打算。不久，在别人的帮助下，35 岁的张爱玲登上了去美国的邮轮。

温柔的岁月

初遇

初到美国，面对全新的环境，张爱玲心中十分茫然。那时，炎樱因为经商而早她一步去了美国。曾经旗鼓相当的两个人，这时的处境差距已经很大了，张爱玲内心的自卑不由得开始作祟。

在炎樱的帮助下，张爱玲租住在纽约救世军办的难民营里。对炎樱的雪中送炭，张爱玲是真心实意地感激。只是不知为什么，她对炎樱也渐渐产生了一丝难以言说的不满。或许她都没有意识到，这是她对炎樱产生的一种妒忌。

在给香港的宋淇夫妇写信时，张爱玲曾这样提到炎樱：

宗教有时是扇方便之门。如炎樱——她固信教，不说谎，可是总有别的办法兜圈子做她要做的事。我觉得这种‘上帝’未免太笨，还不容易骗?

这些略为质疑和刻薄的话，已经表露出张爱玲对炎樱的矛盾心理了。

事实上，从张爱玲的视角来看，炎樱和她已经属于两个阶层的人，当初的“默契”，已经被差异巨大的现实逐渐稀释着。

张爱玲本来打算通过英文创作在文坛闯荡一番，但是她的作品在异国他乡却遭遇“水土不服”。屡被退稿的现实，让张爱玲备受挫折。后来，她在炎樱的陪伴下又去向胡适先生求助。谁知，去拜访胡适先生时，张爱玲的自闭症又显现出来。以至于在胡适家中时，她竟紧张得很少说话，胡适当时并不知道该怎样才能帮助她。相反，炎樱却和胡适夫妇相谈甚欢。

那一刻，张爱玲非常失落。

不久，胡适拜访了张爱玲，了解到她的困境后，替她做了担保，张爱玲才暂时进入麦克道威尔文艺营。这个文艺营免费为作家提供短期的食宿，环境安静而舒适。张爱玲看着这个由多位作家组成的栖身之所，心里百感交集。

这里除了早餐时大家在一起以外，其余时间都在各自的工作室。很快，张爱玲就开始了第二本英文小说《粉泪》的创作。在文艺营的最初日子里，张爱玲经常关在自己的工作室里写作，几乎不与其他成员交往。

一天下午，大厅里人声鼎沸。张爱玲看见人群中有一位白发长者，他的谈话极富感染力，几位艺术家正入神地听他讲好莱坞的种种笑话。张爱玲在一边听着，不自觉地也随着他们笑了起来。这一刻，她的内心难得地放下了所有的铠甲，变得柔软起来。这位老人也转过身来看了看张爱玲。他有一张很有立体感的面庞，如同一部具有悬念的小说一样，让张爱玲滋生了一种继续阅读下去的冲动。

张爱玲很快得知，他叫赖雅。

赖雅出生于美国费城，父母是德国移民。在他年幼时，就能在各种庆典仪式上即兴赋诗，是个人见人爱的小才子。成年后，他开始自由撰稿，成了很有才气的剧作家。第一段婚姻结束后，赖雅就决定只谈爱情，不谈婚姻。赖雅生性浪漫，有了钱就去全世界旅游，没钱了就回来写小说、剧本。

张爱玲和他接触的时间不长，但能感觉他既有才华，待人又很和善。他们只交谈过几次，就被彼此深深地吸引了。

相知

此后，二人便经常邀请对方到自己的工作室，讨论正在创作的作品。那段时间，张爱玲是欣喜的。茫茫人海中，在看不到未来的陌生环境里，她愿意把自己交给一个有相同兴趣、虽不富有但是文雅、善良且幽默的男子。

赖雅在文艺营的通行证马上就要到期了，他准备离开麦克道威尔文艺营，到纽约北部的文艺营继续他的写作生活。张爱玲的通行证还有一个月也快到期，下一站还不知道在哪里，她的忧虑无处不在。

即将分别的这个现实，对于刚刚萌生了情愫的张爱玲和赖雅来说，反而使他们之间的情感越发热烈了。

阳光明媚的一天，赖雅不舍地离开了文艺营，张爱玲噙着泪送别。到车站还有一段距离时，张爱玲不由得向赖雅诉说了自己对未来的担心：担心以后的生活、担心作品不能顺利出版……一直以来，赖雅都是不愿意考虑未来的。此刻，他只能无力地安慰着张爱玲。

到了车站，张爱玲掏出了数目不多的美元，这是她对赖雅的一份关爱。经过了诸多的颠沛流离，她认为只有金钱才能给人足够的安全感。而此刻，她依然觉得，赖雅拥有了安全感，才能使她安心。

在爱情中，付出与得到的双方，其实都能收获一份快乐与幸福。而张爱玲，在有生以来的两段爱情中，都是自愿倾囊相授的那个人。

这些钱对于赖雅来说，无疑是雪中送炭，他被善良的张爱玲感动了。

赖雅在纽约北部安定下来后，很快就给张爱玲寄来了信件。张爱玲也立即给他回了信，他们在信中诉说着对彼此的思念。这时，张爱玲发现自己怀了孕，随即把这个消息告诉了赖雅。张爱玲很惶恐，因为她没有能力给孩子一个幸福的家。于是，她请炎樱帮她找医生。

在美国，做人工流产是犯法的行为。炎樱冒险帮张爱玲找来了一位妇科医生的电话号码后，就让她自己和医生约时间。做完手术的张爱玲迫不及待地赶往纽约北部，而赖雅的回信还在途中。赖雅看着这个不顾一切冲向幸福的女子，紧紧地拥抱着她。赖雅把张爱玲带到一家颇有情调的餐馆里，正式向她求婚。

相携

张爱玲与赖雅在炎樱的见证下结了婚。这一年，张爱玲 36 岁，赖雅 65 岁。婚后，两人不同的生活习性暴露无遗，却没有使他们产生隔阂。

好的爱情，便是将两个人的优缺点融合在一起时，能做到无条件的包容。赖雅喜欢早睡早起，喜欢在静谧的晨曦中享受属于他的文艺气息。而张爱玲习惯了晚睡晚起，只有在安静的夜晚，才是她创作激情最高的时候。她仍旧不爱与人打交道，现在有了赖雅在身边，她更是连起居室的门都不出了，一日三餐都由赖雅送到眼前。

这时的张爱玲像极了备受宠爱的“女儿”，每天在被赖雅宠溺的爱情里，享受着这份岁月静好的幸福。

张爱玲再婚后，炎樱曾经去信说要看望他们，却过了很久都没有来。不管对自己还是对他人，张爱玲的要求都极为严格，她最恨别人失约。因此，她对炎樱更加失望了。

一次，就在张爱玲准备出门时，炎樱忽然来了。她在门外大叫张爱玲的昵称“张爱”，张爱玲不高兴地打开门，炎樱冲进去就抱紧她说：“又见面了，亲一下，亲一下。”

原来，炎樱准备再一次结婚。这个消息，并没有让张爱玲感到高兴，反而觉得炎樱有了许多秘密。两人聊了很久，张爱玲显然没有再把炎樱当成朋友，因为她没有像往常那样留炎樱住下。

那天，炎樱委屈地说：“侬好狠心……”张爱玲是听见炎樱这句话的，但她已经不在意了，更不想去解释。其实，让张爱玲对炎樱冷淡下来的，除了因为炎樱的不守时之外，还因为在平日来往的信件中，炎樱时常提及自己在经济上的得意之处，炫耀的意味随处可见。相比之下，张爱玲的创作并不顺利，生活非常拮据，再加上居无定所，已如惊弓之鸟般的惶恐。这些种种的现实原因，让她和炎樱越来越疏远。

而赖雅也终究不年轻了，他的背部经常疼痛，张爱玲和他都以为是伏案写作的缘故。在他疼得厉害时，张爱玲便细心地帮他按摩以缓解这种痛苦。赖雅十分感动，他觉得在晚年的时候能够拥有一个全心爱他的人，是他几世才能修来的福分。

日子就这样缓缓地向前滑行着，如果能继续这种平凡的幸福，那该多好啊。

两个月后的一天早晨，还在睡梦中的张爱玲被赖雅无措的喊声惊醒了。她起床后发现赖雅正半躺在地上不能翻身了——半身麻痹，这是中风的典型征兆！张爱玲连忙将赖雅扶上床，又喊来医生为赖雅治疗。

这件事对于张爱玲来说无疑是当头一棒，让她十分沮丧。

赖雅渐渐康复后，为了安抚张爱玲，他向张爱玲保证自己不会撒手而去。有了这份形式上的“保证”，张爱玲果真有了勇气。为了淡化压抑的心情，张爱玲还带着赖雅出了趟远门。

夫妻二人不仅去看望了赖雅远在波士顿的表兄，还去了纽约的出版公司商谈小说的出版事宜。出版的情况很不乐观，他们对张爱玲的小说没有信心。但即便受挫，张爱玲对生活还是昂起了高傲的头颅。他们去了纽约最大的商场，张爱玲为赖雅和自己都精心挑选了一份礼物，仿佛代表着要迎接新的生活。

缴械投降，不是张爱玲的性格。在苦海里行舟，唯有乘风破浪，才能到达理想的彼岸。

由于创作和出版都不太顺利，张爱玲不得不调整自己的方向。不久，远在香港的宋淇夫妇为她联系了国际电影懋业公司的剧本任务。此外，另一家公司也终于传来了好消息——张爱玲的小说《秧歌》将被改编为剧本，该公司支付了她 1350 美元的改编费和 90 美元的翻译费。这笔钱，刚好可以支付赖雅的医疗费。

这时，张爱玲忽然收到了母亲的一封信。此时的黄逸梵远在英国，病重的她希望能见张爱玲最后一面。薄薄的信纸，在张爱玲手上却异常沉重，那里面寄托着重重的思念和深深的无奈。张爱玲明白母亲这时的处境，只可惜，她和赖雅穷困潦倒，甚至连机票都买不起，只能随信给母亲寄去 100 美元。

几个月后，张爱玲收到了一只箱子，箱子里装满了值钱的古董。

那是母亲留给她的遗产，更是一位母亲离世前对爱女的牵挂和祝福。这些遗产帮助张爱玲和赖雅度过了最窘迫的一段时间，却使她一度愧疚。

后来，张爱玲才陆陆续续地知道，早在1941年新加坡沦陷时，母亲的外国男友就死于炮火中了。母亲独自逃到印度，曾做过秘书，之后又在马来西亚侨校当过老师……这番经历，让一向对母亲有怨言的张爱玲忍不住泪如雨下。一个女子要想生存下去，无论在哪里都是极不容易的一件事。这时，张爱玲对母亲所有的愤懑，也都烟消云散了……

而眼下，居无定所这个问题是让张爱玲和赖雅最为头疼的事，他们继续四处申请着住所。

在这段婚姻中，张爱玲已经从以前那个单纯的女子变得务实了。她要的幸福，其实就是朝朝暮暮的相守。她并不在乎赖雅的贫穷，也不在乎赖雅治病所需的医疗费用。但她却一分一厘地计较着自己的稿酬收入，算计着家里的用度是否超支。也因此，她的收入直接成了她情绪的控制器。

不久，张爱玲获得了加州亨廷顿·哈特福基金会半年的资助，又发表了小说《五四遗事》，编写了《情场如战场》《桃花运》《人财两得》等剧本。香港的宋淇夫妇，也继续为她联系了一些翻译工作。

生活在慢慢开始好转，张爱玲和赖雅这对患难夫妻继续互相支撑着。

相守

1958 年 10 月 1 日是张爱玲 38 岁的生日。张爱玲照常睡到中午，却不知赖雅整个上午都在应付警察。原来，联邦调查局派人来调查关于赖雅欠款的一件事，赖雅不想他们打扰了张爱玲过生日的雅兴，好不容易才让他们离开了。

赖雅精心准备了可口的青豆肉作为早餐，然后叫醒了睡梦中的张爱玲。吃了饭之后，他们还出去看了一场喜剧电影《刻不容缓》。张爱玲看得很高兴，甚至笑出了泪。电影结束后，夫妻二人在瑟瑟的秋风中，情意绵绵地手拉着手，慢慢走着回了家。这种平淡的幸福让张爱玲非常感动，她告诉赖雅，那是她最开心的一个生日。

有时候，幸福和快乐就是如此简单，身边有一个温暖的人，说说平淡无奇的生活琐事，就足矣。

次年，张爱玲和赖雅又搬到了旧金山。赖雅觉得精神好多了，他在张爱玲的影响下，也制订了工作计划，他要继续写剧本《克里丝汀》。而张爱玲还在繁忙的写作过程中，通过改写剧本，又拿到了一些作品的稿费。经济开始缓解后，张爱玲和赖雅的生活就过得比较有规律了。

1960 年，张爱玲正式取得了美国公民的身份。当她拿到入籍通知书时，她对赖雅提出的第一个要求就是想回国去，因为她手上的英文小说《少帅》还需要大量的资料。这也是两年前在赖雅的提议下，她才开始动手写的。

然而，虽说《少帅》是赖雅提议张爱玲写的，但此一时彼一时，张爱玲的这个想法使赖雅非常不安。毕竟他已经老去，每天只要能看见心爱的妻子在他身边忙碌，就是他最大的幸福。赖雅也知道，张爱玲是为了让他们以后的生活能更安稳一些，才要去挣更多的稿费。最后，赖雅没有阻拦，只是觉得自己的心仿佛空了。

相思

张爱玲在出访台湾的行程中，忽然接到了赖雅再次中风晕倒的消息，她的心一下就沉到了谷底。但是，她身上的钱不够买机票回美国，这让她焦虑不安。所幸，赖雅的病情稳定下来，他还是叫张爱玲照原计划去香港写《红楼梦》的电影剧本。

回到香港后，张爱玲借宿在宋淇夫妇家中埋首写作。她想早日回到赖雅身边，便夜以继日地赶着剧本，眼睛一度充血、双脚水肿。更加糟糕的是，《红楼梦》的剧本总是不能过关。

创作上的不顺利，让张爱玲心里极度烦躁。所有的一切，她都只能通过信件向大洋彼岸的丈夫倾诉。温柔敦厚的赖雅总会在信中安慰她，温暖着她孤寂的世界。

不可否认的是，在云谲波诡的命运之海上，赖雅的小舟，正是张爱玲情感上的支撑、正是她赖以生存的港湾。

那次，张爱玲失望地回到美国。在华盛顿机场，她和赖雅紧紧相拥。二人都知道，此后对方就是自己的一切、再也分不开了。当晚，夫妻二人来到赖雅女儿菲丝的家中。张爱玲拿出了从香港带回来的小礼物，一家人的气氛很是融洽。那一刻，赖雅温柔地向张爱玲表白着爱意。

张爱玲感受到了丝丝暖意，赖雅给予她的，不就是她在披荆斩棘、漂洋过海中所企盼的安宁岁月吗？他的目光，使她面前的世界散发着柔和温暖的光。菲丝和张爱玲的关系原本不好，但她看到赖雅对张爱玲的真情后，也勉强地接受了这位年轻的继母。

悲伤的故事却依然继续着。赖雅又一次中风，从此卧床不起。为了照料赖雅，细心的张爱玲还在他的房里支了一张行军床。晚上躺下后，张爱玲总是侧着身，饶有兴趣地让赖雅讲他在好莱坞时的笑话。静谧的夜，欢愉的气氛，两人就在相邻的两张床上十指相扣，慢慢地进入梦乡。

两年后，张爱玲带着轮椅上的赖雅，去迈阿密大学做驻校作家。张爱玲一边工作，一边照顾他。那时，为了纪念已经去世的胡适先生，张爱玲开始用英语翻译胡适先生曾经考证过的《海上花列传》。儿时悠闲的岁月，又在不经意间像走马灯似的在她眼前盘旋着。

不久，张爱玲的《半生缘》也在香港《星岛晚报》和台北《皇冠》杂志连载。眼看着经济状况就快好转了，张爱玲祈祷着，希望她和赖雅能挺过最艰难的时刻。

一位亲戚来看望赖雅，骨瘦如柴的赖雅却无法面对别人对他的怜悯。他对张爱玲说，他希望能悄悄找一个地方安静地睡过去。张爱玲懂他的心，她又何尝不是有着相同的愿望呢？也只有张爱玲的安抚，才能让赖雅焦躁不安的情绪逐渐平静下来。

半年后，赖雅在张爱玲的陪伴下，安详地闭上了双眼。赖雅就这悄无声息地离去了。按他的要求，张爱玲没有为他举行葬礼，只是由他的女儿菲丝安葬了他的骨灰。

孤帆

孤岛

相伴 11 年的知心爱人去世后，47 岁的张爱玲一度失去了生活下去的勇气。11 年的时光，在人生长河中或许不算什么，但对于张爱玲来说，却具有十分重要的意义。

从童年到青春时期，她的家庭都是残破不堪的，回忆里不是风雨欲来就是天崩地裂。在历经沧桑后，能与儒雅的赖雅相知相契、携手同行，这一路上的风景，在她生命中无疑是风和日丽的艳阳天。

失去赖雅，让张爱玲如受重创。从此，她便过上了几乎隐居的生活。

自从赖雅中风瘫痪后，为了照顾赖雅，张爱玲就与外界基本断了联系。自然，对炎樱的信件她亦很少回复。赖雅去世后，炎樱仍然继续有意无意地炫耀着她和丈夫的恩爱与富足。那时，敏感而脆弱的张爱玲不想再把自己的种种窘况向昔日好友一一“展现”。她需要的，是渐渐淡忘那些伤痛。也因此，她就彻底不再回炎樱的信了。

这，也是她对自己的一种本能的保护。

对于炎樱这个曾经情同手足的知己，张爱玲打心里是不舍的。然而，当曾经好得要命的两个女子，生活上的差距越来越大时，关系就很难回到从前了。这是一种悲哀的无奈。

宋淇夫妇向台湾《皇冠》杂志社创办者平鑫涛先生大力推荐了张爱玲的作品，此后，张爱玲所有的作品都由《皇冠》再次出版，香港报刊也转载了她的许多作品。随着这波热潮，张爱玲在台湾和香港再次大红大紫。然而，相依为命的赖雅却不能与她分享这个好消息了。面对命运的捉弄，她欲哭无泪。

尽管张爱玲已经不缺钱了，但她的生活却日益封闭、孤苦无依。她给朋友写信时所留的地址也一直在变——因为她一直在搬家，平均一个星期就要换一家汽车旅馆。一来是她依然觉得房间里有“虱子”，二来也是为了躲避认识她的人。

不久，张爱玲移居洛杉矶，开始了离群索居的生活。其实，她是重新回到了自己的心灵孤岛上，习惯了在自己的世界里生活。她并不孤独，因为她笔下的人物，每日都在笔尖上演着或精彩或煽情的戏码，她被“他们”的嬉笑怒骂感动着、激励着。

优雅

时光荏苒，青丝早已掺杂了白发。张爱玲已芳华不再，没有亲人的照顾，她的日常生活极为困难。

张爱玲这时已经谈不上美丽了，但她骨子里的优雅却不曾减少半分。这种优雅，表现在她不愿意打扰别人。她一向不喜欢出门办理租房、搬家、看病等日常琐事，因而，这些年里，一直都在拜托一位叫庄信正的年轻人帮她打理。

那时，庄信正还是刚出道的青年讲师，他崇拜张爱玲已久，以为她是极为高傲、病恹恹，又极其慵懒的女子。没想到，张爱玲非常平和客气。言谈中的她很活泼，时不时地笑语盈盈，并拜托庄信正帮助她处理一些日常琐事。

张爱玲的身体每况愈下。在写给庄信正的信中，她都提及自己不是感冒就是牙疼，或是眼疾又犯了。虽是这样，她仍然每天都在写作，独自在文坛耕耘。对她来说，写作就是生命。

在和庄信正 30 年的通信中，张爱玲虽然处处刻意地以冷漠的笔调保持着适当的距离，但是在言辞间，仍有忍不住的关切之情。

就在赖雅去世后的一个月，刚新婚不久的庄信正还接到了张爱玲寄给他们的新年贺卡。庄信正想象不出，当时她是怀着怎样悲痛的心情，在贺卡上给他写下祝福话语的。

张爱玲的外表看起来很冷漠，内心却温柔且温暖。在信中，她总是在仿佛冷漠地说完正事后，再小心问候庄信正的家人及他的工作情况。张爱玲总是害怕自己给庄信正添麻烦，因此每次都会在信末嘱咐着“请千万不要特为回信”。字里行间，亦时常有着诸如“抱歉”“对不起”“非常感谢”这些万分客气的字眼。

这种明显的距离感，确实不让人感觉亲近，但是在张爱玲的生活经历中，她认为这才是自己应该有的一份“优雅”。因她从小就是和身边的人这样相处的：供她上学的母亲，同住的姑姑，以及到美国之后的每个有交集的朋友。

庄信正也十分理解张爱玲的处事方式，通常情况下，也绝不会轻易打扰她的生活。他更加懂得尊重张爱玲的隐私，因而一直都没有向任何人提及张爱玲的地址。正因为这样，张爱玲也才会称庄信正是她“极少数信任的朋友”之一。

当张爱玲把家搬得越来越远后，庄信正不放心，便拜托同学林式同继续帮她打理日常琐事。这两位年轻人，在和张爱玲来往的过程中，都成了被她信赖的忘年交。

搬家

林式同第一次在张爱玲租住的公寓楼下见到她时，心里便涌起了一丝无法言喻的酸楚。眼前的张爱玲已经身形佝偻，瘦削憔悴，就连上楼都非常吃力，青春时期的傲娇姿态早已不复存在。也难怪，那时的她一天只睡三四个小时，然后就是忙着收拾东西、搬家，然后再搬家……

张爱玲就像一只辛勤劳作的蚂蚁一样，不是在写作，就是在搬家的路上，根本没有闲情逸致去顾及养生和保健。支撑着她的原因，也仅仅是她早年为自己制订的创作计划。计划没有完成，她是不甘心的。

张爱玲拥有勤奋与智慧，也能洞察人性的弱点，并用优美而扣人心弦的词汇把这个世界描绘出来。可是她却没有足够的勇气和足够的光芒，去穿透内心的怯弱，以及每天出现在她幻觉中的“虱子”。

得知姑姑去世的消息，张爱玲也淡然地为自己的后事做好了安排——她给林式同寄去了一份遗书。当时林式同不以为意，还以为这只是她编写的剧本。

此后，张爱玲依然热衷于搬家。她的日用品、家具和衣服都是随买随扔，以此来摆脱她内心的孤寂。而多年来一直在她心里作祟的“虱子”，此时也继续影响着她的生活，时刻都在攻击她那颗薄弱的心。为了躲避这“无处不在”的“虱子”，她只能一次次地搬家，在各地的汽车旅馆迁徙。而行李，仅仅是几个塑料袋。

张爱玲的自传体小说《小团圆》完稿后，她将书稿寄给了远在香港的好友宋淇夫妇。这部手稿由她一笔一画认真誊写而成，在每一页的右上角，她都细心地编好了页码。她嘱托宋淇将小说先在香港、台湾的报刊上发表，随后结成单行本出版。

宋淇夫妇这次并没有按照张爱玲的嘱托去办这事，他们写了一封长达七页的信建议她暂时不出版。原来，《小团圆》的情节和人物，很容易让人联想到张爱玲和胡兰成之间的往事。他们认为，眼下并不是出版《小团圆》的最佳时机。张爱玲明白他们的一番苦心，加上也打算对其中一些情节加以修改，便答应了推迟出版计划。

多年来，张爱玲和宋淇夫妇之间的信件，除了说关于书稿、出版等“大事”之外，日常的琐事也是说得极多的。比如她想要什么样的旗袍，便会在信上画出自己中意的款式和尺码，然后托邝文美帮她请裁缝做好，再寄到美国。

那时的张爱玲与现实格格不入，但还是很会苦中作乐。她要靠着做这些事情，才能对抗那些顽固的烦恼——比如来自“虱子”的“虫患”；她把自己沉浸在作品里抽丝剥茧，才能找到属于自己的乐趣。

“十年一觉迷考据，赢得红楼梦魇名。”经过张爱玲十年的潜心打磨，关于《红楼梦》的评论文集——《红楼梦魇》终于出版面世了。这本书里面既有对关于续写者身份的分析，也有对袭人形象的改动和编辑者高鹗之间的爱情推测。

十年的时间，对于每个人来说都不短暂，而张爱玲，却能沉心十年，去研究在平常人眼中视为枯燥的东西。“十年磨一剑”，张爱玲磨出的这把“剑”，可见其分量。

张爱玲极肯用心做自己喜欢的事情。再比如《色・戒》，这是一部在她的作品中，极少数以前卫的手法去探讨女性心理及情欲的作品。同时，这部小说的篇幅是她所有的作品中最短的，仅 1.8 万字，却让她足足用了 24 年的时间去沉淀和打磨。终于，《色・戒》在《中国时报・人间》副刊上发表了。

《色・戒》这部作品，是张爱玲当年在香港谋职时，偶然听宋淇讲的一个谍战故事。她认为这个故事比较有意思，便记录在笔记本上。后来，张爱玲逐渐有了把它写成作品的想法。于是经常写信给宋淇夫妇，去请教一些细节问题。宋淇每次都会在信里画出详细的方位图。这些细节，为张爱玲的创作提供了很宝贵的资料。

辞别

此后，张爱玲拿出当年姑姑留给她的那些老照片，又完成了《对照记》一书。这本书回顾了她和家人一生的相片及其背后的故事。她从不同的角度，对她一生的成长轨迹做了一个最真实的还原。祖父母、父母、姑姑、弟弟、好友，都一一呈现在世人面前。在渺若烟云的一生中，是非对错，全都留给人们去评说。

张爱玲是一个完美主义者，她容不得自己有什么瑕疵。在 73 岁那年，她还请林式同帮她找整容医生做了一次整容手术。或许，她是有了一些感觉，认为自己该把一些事先做了，以免留下遗憾。

第二年初秋的一天，74 岁的张爱玲感觉到自己的生命即将停止，特地穿了一件赭红色的旗袍，然后躺在她那张简易的行军床上，平静地等待死神的降临。

几天后，林式同接到了房东的电话，说已经好几天没见张爱玲出门了。当林式同第一次走进张爱玲的公寓时，看见行军床上的张爱玲像是睡着了一样。她带着那份执着的优雅，安详地与世长辞了。

张爱玲将自己所有的财产都留给了远在香港的宋淇夫妇，这既是对他们的馈赠，也是对他们最实在的报答。因为他们一直不离不弃地帮助着她，从两手空空到逐渐打开市场。

如果说在文学的江湖上，张爱玲是一名勇士的话，那么，宋氏夫妇就是她最得力的帮手。因而，张爱玲认为自己的成就，亦是属于他们的。

林式同按照张爱玲的遗愿，将她的骨灰撒进了太平洋。

魂归太平洋的张爱玲结束了优雅而孤独的一生，而关于她的传说，还在世间流传着……

萧红

将与长天和碧水
半部红楼与别人

临江仙

题萧红

些许荣华旷野，蹉跎少有甘甜。
悄吟初试望江南。
卷舒连碧水，跋涉共长天。
词赋洛神烟火，凄风入笔欢颜。
萧萧悲语切心弦。
红楼半部远，清泪角声残。

在民国时期的才女中，萧红是一个比较特殊的女子。她虽然出生在富裕的地主之家，却缺少父母的关爱。她短暂的一生也在一次次错误的选择中充满了悲悯的色彩，让世人为之感慨。她不俗的才华绽放于世，留下了夺目的光芒。

家世

在从古至今描写西湖的文章中，明代晚期的《湖心亭看雪》，被人们评价为是最出色的。作者张岱既是著名的文学家、史学家，还是一位茶艺鉴赏家。

在张岱的后裔中，有个叫张维祯的读书人，待人极为敦厚和善。张维祯和范氏婚后多年只有三个女儿，为了延续香火，便把堂侄张廷举过继到了他们这一房。

清末年间，他们从山东闯关东以后，逐渐搬到黑龙江省呼兰县（现为呼兰区），成了一户地主人家。这里视野辽阔，四季分明。一年之中，四个月都是寒风凛冽的冰雪天地。

张维祯天生就有着读书人与世无争的闲散，亦不擅经商农耕，因而被精明能干的范氏埋怨了一辈子。他们的养子张廷举天资聪慧，从小到大的成绩都格外优异。21 岁时，他就去汤原县农业学堂当了教员，兼任实业局劝业员。

此后，范氏为张廷举娶了本县的姜玉兰。姜家也是书香门第，姜玉兰不仅博览群书、做得一手好女红、打得一手好算盘，还落落大方，操持家务也井然有序。

1911年的端午节，张廷举和姜玉兰的女儿萧红（本名张乃莹）出生了。由于范氏迷信，认为在端午出生的孩子会克家人，父亲母亲又嫌弃她是女孩，因此家中除了祖父之外，都对她十分厌恶。

在祖父张维祯的关爱下，萧红一天天长大了。只有在祖父面前，萧红才能感觉到一丝温暖。

由于张廷举长期担任官吏，便逐渐养成了贪婪冷酷的性格，对人越发冷漠无情。甚至，他对养父张维祯也同样吝啬和疏远。每当萧红看到父亲凶神恶煞的样子时，就会逃到祖父的房间里“避祸”。祖父这里，才是她温暖的港湾。在大雪纷飞的日子里，和着炉火偎依在祖父身旁，听他诵读诗篇时，萧红才感到时光的静谧和美好。

透过木窗，萧红看着窗外纷飞的雪花，也憧憬着，什么时候自己才能像它们一样可以尽情飞舞呢？祖父把满是皱纹的双手放在萧红的肩上，轻声安慰道：“快快长吧！长大就好了。”萧红相信祖父的话，便会映着一炉火光笑着。

在萧红的记忆中，祖父是极善良的老人。有一次，父亲因为房客没有钱交租金，就把房客的全套马车都赶到了张家大院。房客一家不断地哭诉哀求着，父亲还是置之不理。祖父看不下去了，便把房客那两匹马从车上解下来还给了他们。

没想到，父亲一整晚都在不停地指责祖父。祖父不胜其烦，说那两匹马在穷人家里就是命根子，如果张家把马匹抢走了，到底不是一件体面的事。父亲哪里能听进去，还是不依不饶地和祖父争吵着。

在这样的家庭中，小小年纪的萧红就从父亲和祖父身上，懂得了什么是刻薄无情与善良宽厚。母亲陆续生下了大弟张富贵和小弟张秀珂，萧红就更加多余了。

普通孩子的童年一般分为两种，一种是被家人当作掌上明珠，另一种则是被嫌弃、冷落。但萧红的童年时期，却同时拥有截然不同的两种情况。这也让她从小就开始关注身边每个人的喜怒哀乐，在以后的小说中，他们的形象也就很自然地跃然纸上了。

童年时期唯一的快乐，便是萧红和祖父在一起的时光。多年后，她在《祖父·后园·我》中写道：

一到了后园里，立刻就另是一个世界了。这个世界是那么宽广，人和天地在一起，天地是多么大，多么远，用手摸不到天空。

一听了这话，我就跑到祖父那里，似乎是很生气的样子。等祖父用慈祥的眼睛一看我，我立刻就笑了。笑了半天才能够止住，不知哪里来的那么多的高兴。我的笑声不知有多大，只是自己都感到震耳了……

这样无忧无虑的欢声笑语，才是童年应有的模样。

萧红幼时有一个皮球，已经很残破了。祖母每次上街时都答应给她买个新的回来，却一次次的失言。萧红执拗起来，竟然单独出了门，不久便迷了路。

有个好心的车夫让萧红上了三轮车，把她送回家时，因为她坐不住，在车夫刹车时便摔倒在地上。这一幕，正巧被出门的祖父撞见。祖父心疼不已，以为是车夫欺负他心爱的孙女，不由分说地责骂车夫。那一刻，萧红一边替善良的车夫感到冤枉，同时，也对不辨青红皂白的祖父感到气愤。

萧红对祖父的不满，在他的宠爱之下很快就消除了。祖母去世后，萧红和祖父更加相依为命。在萧红眼中，祖父是“万能”的，即便没有书，祖父亦能抑扬顿挫地背诵《千家诗》。这一首首诗，便成了萧红耳边最动人的“童谣”。在耳濡目染中，萧红记住了诗句中的精华。和祖父在一起的那些温馨的日子，也刻入了她的生命。

在母亲感染霍乱去世后，父亲又娶了一房太太梁亚兰。父亲为了减少萧红和继母之间的矛盾，便将 9 岁的萧红送到龙王庙小学去上学。或是深得先祖张岱的优良基因，萧红在学校的功课非常好，尤其写得一手好文章。每每放学回家，萧红必定是窜进祖父的房间。她很清楚，在那里，才有她的一席之地。

初小毕业后，父亲张廷举就反对萧红继续念书了。因为她渐渐进入了叛逆的青春期，加上外来的先进思想的影响，她也越来越激进。其实，说到“叛逆”，张廷举也一样。他也是接受过高等教育并且是反对封建的，他同样主张孩子们接受新式教育。可是，对于萧红这个女儿，他却不希望她成为一名激进的青年。因为担心她在冲动倔强之下，会做出一些不好收拾的事。

为了争取继续上学的权利，萧红和张廷举对峙了很久。萧红以死相逼，最终获得了胜利。不过，为了不让萧红闯出什么祸事，张廷举便为她订下了一门婚事。

汪恩甲

婚约

张廷举为萧红定亲的男子叫汪恩甲，也是地主家庭，两家门当户对。汪恩甲的大哥和张廷举很熟悉，都很看好这门亲事。汪恩甲个子很高，也算得上仪表堂堂，萧红见过之后，对他并不太反感。

16 岁时，萧红进入了哈尔滨市东省特别区区立第一女子中学就读。那时她爱上了画画，但在涂涂抹抹之余，并没有停下写文章的笔。她除了广泛阅读中外文学作品之外，还在校刊上发表了文风清丽的抒情诗。她的才华，一度让老师称赞、让同学羡慕。她在学校成了知名才女。

那时，新文化运动正在如火如荼地进行着，萧红迅速接受了这种新思潮，开始用新的眼光去观察世界。她剪去了一头长发，青春期的少女已经有了自己的思想，也更加叛逆和激进了。

次年，萧红积极参加学校的游行示威活动，还主动担任宣传员。这些事传到了张廷举的耳朵里，他便更加担心了。于是连夜写了信寄到学校，让萧红做事要有分寸。对于父亲那些严苛的语言，萧红嗤之以鼻，依然我行我素。

虽然女中有着严谨的校规，汪恩甲还是时常来校园探望未婚妻萧红。萧红还为未婚夫汪恩甲织过一件毛衣。在同学眼中，汪恩甲也是大户人家出身，并接受过较高的教育，如果不出意外，他们应该是幸福的一对。

随着时间的推移，萧红发现汪恩甲有抽大烟的恶习。而这时的她，早已把自己定义为新时代的知识女性，因此决定，绝对不向一桩包办婚姻屈服。于是，她开始对这桩婚事发自内心地抵触起来，接着，又渐渐地疏远了汪恩甲。

后来，随着祖父的去世，悲伤的萧红感觉内心像被掏空了一样。那些关于爷爷的温馨记忆，萧红只能将它们藏于心底。而对那个像冰窟窿一样的家庭，更没有什么值得留恋的了。

祖父睡着的时候，我就躺在他的旁边哭，好像祖父已经离开我死去似的，一面哭着一面抬头看他凹陷的嘴唇。我若死掉祖父，就死掉我一生最重要的一个人，好像他死了就把人间一切“爱”和“温暖”带得空空虚虚。我的心被丝线扎住或铁丝绞住了。

萧红用这段文字，清清楚楚地记录了祖父离世时的情景。

“祖父装进棺材里的那天早晨，正是后园里玫瑰花开放满树的时候。”后园里的记忆，一直温暖着萧红的生命。而唯一爱护她的人溘然而逝了，她感到前所未有的恐惧与绝望。萧红无法想象没有祖父疼爱的日子，她该怎样面对。就在这种情况下，萧红结识了法政大学的学生陆哲舜。

波折

陆哲舜出生于哈尔滨太平区的一个地主家庭。他从哈尔滨道外区三育中学毕业后随即进了哈尔滨中俄法政大学就读。他很欣赏萧红身上的灵气，因为他家里那个包办婚姻的妻子，大字不识几个，根本就没有共同语言。他越看萧红越喜欢，止不住对萧红动了情。

在后来的攀谈中，他们才知道，原来陆哲舜还是萧红的远房表哥。为了能和萧红在一起，他向家里提出了要和妻子离婚的想法，并鼓动萧红和他一起到北平去上学。北平是新文化运动的起源地，也是新青年们向往的地方。萧红这个涉世未深的女子，就这么对北平之行动了心。

陆哲舜的花言巧语，无疑对萧红那桩包办婚姻带来了很大的冲击，也让萧红彻底对汪恩甲死了心。于是，她渐渐萌生了和汪家解除婚约的念头。

为了坚定萧红跟自己到北平的决心，陆哲舜还主动从法政大学退了学，先到北平进入中国大学上学。接下来，他就开始四处找房子，好为萧红到北平后的生活做准备。就在萧红临近初中毕业时，父亲来信催她，让她一毕业就回家准备完婚。

在当时的呼兰，一个女孩子能读到中学是很少见的事情，普通的女子在那个年龄段一般都出嫁了。汪家与张家对此看法一致，所以就开始商量着汪恩甲和萧红的婚期。

看到那些关系要好的同学都能去北平继续读书，回到家的萧红心里既着急又不甘。无奈之中，萧红找到几个要好的同学商量对策。在好友们的鼓励下，萧红最终下定决心抗婚出逃。

可是萧红也犯了愁，要千里迢迢赶到北平去，路上需要的盘缠以及到北平后的生活费用都不是一个小数目。如今，她手中的钱已经所剩无几。不久，萧红得到了父亲为她办嫁妆的钱款，解了她的“燃眉之急”。

为了辞别旧生活、迎接美好的新生活，萧红到服装店里做了一些新衣，随后就登上了去北平的火车。车厢两旁不断倒退的树木山野，让她离憧憬中的北平越来越近了。到了北平后，萧红很快就办好了高中部的入学手续，随即就搬到了陆哲舜租下的位于二龙坑西巷的一座静谧的小院落里。

萧红和陆哲舜过上了舒适的生活。小院里有一棵大枣树，正是枣子成熟的时候，他们一同吃着又脆又甜的大枣，吹着凉爽的秋风，惬意极了。他们都不会做家务，便请了一位当地的用人照顾他们的起居饮食。为了避人耳目，他们对外宣称陆哲舜是萧红的舅舅。

萧红以为父亲得知她到北平上学后，会给她寄来生活费。可惜她低估了父亲的脾气，张廷举很快就断了她的生活来源。雪上加霜的是，陆哲舜和萧红“同居”的事，在老家已经闹得满城风雨，因此家里也不再给他寄生活费了。

没有钱，什么风花雪月都是空谈。很快，他们无法支付用人的工钱，只好辞退了她。当生活陷入困顿后，所有的日常琐事都堆积在了眼前。而陆哲舜再也没有了以前的温和与儒雅。渐渐地，他不再对萧红轻言细语、宠爱备至了。

对于萧红和陆哲舜来说，没有经济来源是个致命问题。萧红也非常委屈，她想，如果不是陆哲舜鼓动她，她又怎么会来北平遭这份罪呢？于是，二人之间便时有口角发生。

北平的冬天很冷，屋里已经没有了取暖的煤球，一到晚上，被窝里便冷得像冰窖一样。这样的日子无法过下去了，两个年轻人只能在寒假时灰溜溜地打道回府。

萧红回到呼兰后，假意答应父亲，要和汪恩甲结婚。其实她已经筹划好，拿到钱后，再和表哥陆哲舜一起回北平继续学业。

然而，这一次，陆哲舜并没有如约和萧红一同到北平。失落的萧红回到那个曾经充满欢声笑语的小院，望着空荡荡的房间，她心里没了着落，不由得潸然落泪。

手里的钱很不经用，当萧红带来的钱快用完的时候，她想到了一个人。倔强的萧红不肯向父亲低头，唯一能帮她解决困难的，就只有未婚夫汪恩甲了。于是萧红试着给汪恩甲去了一封信，在信中，她用温婉的言辞向汪恩甲诉说了她之所以反抗这门婚事的无奈，也说了她多么想完成在北平的学业。最后，她还说了最重要的事：她愿意和他结婚。

是男子都会被信中的文字所触动，更何况是才貌双全的女子向自己做出了妥协。当汪恩甲感受到萧红在字里行间透露出的凄清以及对他的依恋之情时，很快就带着钱来到了北平。

同居

汪恩甲到北平后，萧红也一改以前的冷漠态度，常常高高兴兴地和他一同出门购物，准备着结婚用品。

有一次，陆哲舜的同学来找陆哲舜，没想到在小院里看到了汪恩甲。萧红当时很尴尬，把汪恩甲介绍给了那位同学。那位同学看出一些端倪，便悻悻地走了。

汪恩甲带来的钱也花得差不多了，二人商量好回到呼兰就办婚礼，然后继续来北平完成学业。但是，当萧红和汪恩甲欢欢喜喜地回到家筹备婚礼的时候，汪家大哥却认为萧红不守妇道，气愤地提出退婚。

原来之前一直很看重这门亲事的汪家大哥，得知张家千金不自重地和表哥私奔到北平去念书的事情后，便态度坚决地反对弟弟汪恩甲把萧红娶进门。

萧红被退了婚，心里很不服气。她心想，大哥算是哪根葱，还管人家小两口的闲事来了。于是，她一纸诉状，把汪家大哥告到了法庭上。她这时候只想争回一个面子，也顾不得当初是自己要悔婚。

法院开庭审理时，传汪恩甲上庭做证。汪恩甲为了顾及和大哥的兄弟情分，只好向法官说是自己自愿退婚。憋屈的萧红输了官司不说，也让张家颜面尽失，呼兰城的百姓们都在嘲笑这件事。

在萧红第一次私奔到北平的时候，在呼兰就引起了很大的轰动，担任黑龙江省教育厅秘书的张廷举就因"教子无方"，被撤职到巴彦县任督学去了。没想到这一次闹的笑话更大，于是，愤怒的张廷举感觉在呼兰县城已经颜面尽失，只能把家搬到阿城县（现为阿城区）的福昌号屯。

萧红的伯父更是容不得她毁了张家的清誉，因此让张廷举把忤逆不孝的萧红勒死。后来好歹在一些亲戚的劝说下，张廷举才决定先把萧红软禁起来。

在失去自由的日子里，萧红不由得想起了亲切慈祥的爷爷在她小时候经常对她讲的一句话：快快长吧！长大就好了。萧红不明白，如今自己是长大了，可自己的处境怎么也没能变好呢?

萧红望着封闭的小屋，不服输的劲儿又上来了。她决定，一定要逃离这个没有温暖、没有亲情的张家。此时，萧红不仅身陷"囹圄"难以脱身，而且饱尝了孤单、无助的滋味。幸好在张家还有同情她的小姑和婶婶能偶尔安慰她。

转眼又入了秋，萧红已经被软禁了好几个月，看管萧红的守卫也不那么用心了。一天，萧红在小姑和婶婶的帮助下，偷偷地坐上了一辆进城送菜的马车，终于逃出去了。

萧红没有地方可去，她想到了哈尔滨。毕竟那里有熟悉的同学和朋友，或许他们可以伸出援助之手。

从乡下一直逃到哈尔滨，衣衫褴褛的萧红身无分文。走投无路的时候，她在大街上碰见了表弟。表弟看到可怜巴巴的萧红，支支吾吾地说了张廷举已经把她的名字从族谱里去掉的事情。表弟不忍心萧红独自流落在外，就劝她回家认个错。但萧红骨子里的那份执拗使她坚决拒绝了这个建议。

举目无亲的萧红无奈之下只好回到母校，在低年级同学的床铺上一同挤着住了几天。可这样终究不是个办法，她既迷茫又绝望。饥寒交迫的萧红再次联系上了未婚夫汪恩甲，毕竟他们交往过，彼此的情感还是有的。很快，汪恩甲就把萧红带到了东兴顺旅馆，开始了同居生活。

萧红时常在夜深人静的时候，听着屋外呼啸的北风回顾着自己走过的路，她发现现实很讽刺，自己很可笑。之前她拼命地要悔婚，如今却被男方拒绝了，而眼下又不得不和未婚夫同居。她只希望日子就这么安稳地过下去，再也不要出什么状况了。

可是，汪恩甲毕竟只是一个纨绔子弟，他不思进取，对未来也没有任何规划。萧红在这种尴尬的处境中，也没有什么建设性的意见。所以没过多久，他们就坐吃山空了。

二人欠了旅馆一笔不菲的食宿费，老板便将他们赶到了破旧的杂物间。雪上加霜的是，萧红发现自己怀孕了。无疑，这时的生计成了她的心病。一天，汪恩甲说他要回家取钱，让萧红在旅馆等他。萧红在旅馆望眼欲穿，可是汪恩甲一去就没了踪影。她一筹莫展。

老板意识到那笔债务也不容易收回来了，于是明明白白地告诉萧红，等她把孩子生下来，就把她卖了抵债。萧红没有和他们吵闹，这件事始终是自己理亏。可是，眼下要怎么才能逃出这里呢?

萧红看到了房间里的《国际协报》，她灵机一动，便提笔给副刊编辑部写了封令人动容的求助信。她以流亡学生的身份诉说了自己艰难的处境，并恳请他们出手相救。

《国际协报》副刊的编辑裴馨园收到萧红的信后，就立即派人来旅馆了解情况。落难女学生的困境，让编辑部所有人的心都被揪紧了。他们时常来探望接近临产的萧红，还向旅馆老板协商，他们会慢慢解决萧红欠下的债。

在报社编辑的资助下，萧红的生活有了很大的改观。至少，她不再孤立无援了。

萧军

相濡以沫

编辑部有位叫萧军的作家，有一天，他来给萧红送一些书籍和生活费。萧军是行伍出身，身材魁梧且相貌英俊，让人看了就会产生一种安全感。此刻的萧红就像看到了希望一样，想在水深火热的苦海上抓住一根救命稻草，于是有意和萧军攀谈。

他们很快就聊到了文学上。萧红的谈吐让萧军十分意外，他没想到眼前这位陷入窘境的女子居然如此多才。他十分同情萧红的遭遇，心里也迸发出了男子的英雄气概，决心帮助这名可怜又多才的弱女子逃离这个地方。

几次见面后，萧红和萧军都对彼此产生了更深一层的好感。没多久，他们已经在灵魂上产生了共鸣，很快就成了一对情侣。萧红将自己内心的喜悦汇成文字，为萧军写了一首名为《春曲》的诗：

那边清溪唱着，这边树叶绿了，姑娘啊！春天来了。

和萧军在一起的感觉，是和陆哲舜、汪恩甲他们完全不同的。萧红和萧军对文学方面的感触非常相近，在思想上亦能产生共鸣，这让萧红对未来充满了希望。她也暗自庆幸，自己当时选择了向报社求助。

萧军这时也迫切地想把萧红救出旅馆，可惜他们编辑部的同事都不富裕，那笔债务对于他们来说确实是一大笔钱。就在他们无计可施的时候，盛夏的大暴雨竟给他们带来了一线生机。

哈尔滨遇上了近一个月的强降雨，致使松花江决堤，如猛兽般的洪水顷刻间就冲向了城里。人们在慌乱中纷纷逃离，旅馆的老板和伙计们都顾不上被锁在杂物间的萧红了。萧军趁此机会租了一条小船，用绳子把楼上的萧红从窗口接到了船上。

惊心动魄地离开了被困几个月的旅馆，新的生活终于来临了。萧红无限感激上苍，能让萧军这位英雄出现在她灰暗的生命里。两位热爱文学的青年，在逃难的过程中紧紧地依偎在一起。

不久，萧红生下了一个女儿。但很快，她就把襁褓中的孩子送给了提前约好的人。一来是她对汪恩甲的怨恨；二来以她目前的情况，还没有能力养活自己，女儿跟着她，只能吃苦受罪。她强忍心头的悲哀与无奈，装作无所谓的样子，而在深夜时分，却无法阻止两行横流的泪水。

出院后，萧红跟着萧军住进了哈尔滨的欧罗巴旅馆。他们都没有固定收入，暂时依靠萧军当家庭教师的收入勉强度日。这段时间，他们的生活虽然艰苦，却也很快乐。

曾经，饥饿难耐的萧红，会“无耻”地觊觎邻居家的食物。即便如此，萧红无论再饿、再冷，只要一看到热情洋溢的萧军，就觉得什么都不重要了。爱情的魔力有时候真是不可思议，可以让穷困潦倒的女子绽放出迷人的优雅。

那段时间，恶劣的生活环境让萧红与萧军生死相依，萧红却感到无比的幸福与满足。

很多时候，女人都是很简单的，她们只要拥有爱情，便会忽略世界给她们带来的悲苦。而萧红，正是这样一名拥有着爱情的女子。她以为，有了爱情，就像拥有全世界的美好一样。

在萧军的引导下，萧红开始正式创作文学作品了。后来，为了忘记曾经在张家度过的灰暗日子，同时也为了能和萧军显得更亲近一些，她决定今后都用“萧红”这个别名。“红”字，既代表着满心的希望，又能代表她向往的幸福。

裂痕

1932 年 11 月，萧红和萧军离开了欧罗巴旅馆，搬到了道里商市街 25 号，他们终于有了一个新家。萧红以为，日子一定会苦尽甘来的。然而，她却在无意中发现萧军和别的女子关系暧昧。当萧红问及萧军的时候，萧军只是轻描淡写地解释一番，说只不过是逢场作戏。

这样的背叛使萧红很受伤，但她没有独立生存的能力，也离不开萧军这个曾经救她于水火的恩人。她只能在这段不公平的情感里选择隐忍，将所有的卑微都通过笔尖倾泻在稿纸上。萧红也一直尝试着说服自己，因为她希望萧军是她感情上的终点。

萧红以“悄吟”这个笔名发表了短篇小说《弃儿》。在这篇作品中，她将自己从洪水中逃难后，不得不将女儿送人的心路历程描写得撕心裂肺：

芹像被什么人要挟似的，把头上的被掀开，面上笑着，眼泪和笑容凝结地笑着：“我舍得，小孩子没有用处，你把她抱去吧。”

小孩子在隔壁睡，一点都不知道，亲生他的妈妈把他给别人了。

那个女人站起来到隔壁去了，看护妇向那个女人在讲，一面流泪：“小孩子生下来六天了，连妈妈的面都没得见，整天整夜地哭，喂他牛奶他不吃，他妈妈的奶胀得痛都挤扔了。唉，不知为什么，听说孩子的爸爸还很有钱呢！这个女人真怪，连有钱的丈夫都不愿嫁”……

萧红用平实的词汇，将她的经历以“芹”这个女主人公的身份展现出来。眼下，她也只能以这样的方式，去纪念她和女儿之间短暂的母女情分。

生活条件没有多大的改善，但萧红的创作热情丝毫不减。由于在生产期间，她没有得到很好的照顾，身体落下了许多病根，她开始被顽固性的头疼和腹痛反复折磨着。

次年，在朋友们的帮助下，萧红与萧军合著的短篇小说集《跋涉》自费在哈尔滨出版了。这本书在东北引起了很大的轰动，他们还寄了一本给鲁迅先生。萧红大受鼓舞，创作的热情更加饱满。由于《跋涉》中的大部分作品都歌颂了人民在黑暗中的觉醒与抗争，从而引起了特务机关的警觉。为了躲避迫害，萧红与萧军很快就经大连乘船到了青岛。

随后，萧军在《青岛晨报》谋到一份主编的差事，他的收入基本够维持二人的生活了。而萧红也很拼，她在病痛中以超常的毅力，完成了中篇小说《生死场》。

在这本书中，萧红将自己的一些影子注入女主人公“金枝”的身上。她以季节变化为叙事顺序，记录了金枝悲苦的命运。文字中对小人物的悲悯基调，仍然是萧红独有的风格。萧红的创作技巧在当时的文坛上是十分新颖别致的，就连在上海的鲁迅先生也被萧红那看似轻柔、实质铿锵有力的笔触打动了，还亲笔为她题写了序言。

受到鲁迅先生的青睐后，那年冬天，萧红和萧军离开青岛来到上海。此后，二人便经常到鲁迅家中请教。鲁迅非常欣赏他们，高兴地说：“中国左翼文学一下子多了两个如此具有实力的作家。”

爱才若渴的鲁迅还为他们热情地介绍了许多知名作家，如茅盾、叶紫、胡风等。萧红很快就和他们成了好友，也摸索、探究着他们的写作风格。不久，萧红和萧军、叶紫在鲁迅的支持下，成立了宣传“左”翼文化思想的“奴隶社”。萧红的《生死场》便以“奴隶丛书”的名义，在上海出版了。这次，她的署名是“萧红”。

由于有鲁迅的作序和胡风的后记，《生死场》这部作品很快就在文坛上引起轰动。萧红也因此一举成名，被誉为“30 年代的文学洛神”，与吕碧城、石评梅、张爱玲并称“民国四大才女”。

创作上的顺利，名气的提升，却使萧红和萧军的感情裂痕愈加明显了。随着萧军知名度的提高，他的绯闻也越来越多。萧红也知道，和萧军在一起的这些年里，萧军并没有把她看作最后的伴侣。也因此，萧军从来就没有提过要娶她为妻。这个残酷的现实，让萧红痛苦不已，也让她看清了自己在萧军心中的分量。

为了冲淡在感情上受到的伤害，萧红便经常到恩师鲁迅先生的家中。只有在和先生的聊天过程中，她精神上的疼痛才会得以稍稍缓解。

港湾

鲁迅和萧红的关系既像亲密的朋友，也像师生和父女。他们才华横溢，家庭背景也极相似。在性格上，也拥有同样反传统的“叛逆”。他们不仅对文学有很多相似的看法，而且都喜欢绘画……毫无疑问，萧红在与鲁迅聊天的时候，是非常轻松和开心的。因而，萧红常常把鲁迅先生的家当成她心灵休憩的港湾。

萧红频繁地去找鲁迅诉说，她希望在智者的开解下，能让她看清方向。有时候，萧红甚至会在同一天去鲁迅家两三次。对此，鲁迅的夫人许广平偶尔也有怨言。

在许广平眼中，中等身材的萧红皮肤白皙，具有满洲女子温柔爽朗的明显特点。许广平对萧红非常同情，因为她看到，才 23 岁的萧红，头上就已经有了和年龄极不相称的白发。

萧红的身体非常不好，在头痛、腹痛的频繁困扰下，脸色十分苍白，但她在待人接物方面却极贤惠。有时候在鲁迅家包饺子，基本上所有活儿都由她来做。许广平常常感慨，若是谁能给萧红一个安稳的家，她一定能操持得相当温馨。

然而，从小到大，萧红都没有一个温馨的家。如今，在恩师鲁迅这里，她终于找到了家的味道。从小就缺乏父爱的萧红，这时已把鲁迅当成了“父亲”。在她心里，有什么“疙瘩”就来找“父亲”倾诉，她相信一定会得到解决。

作为萧红人生路上的导师，鲁迅每次都没有直接给出具体的方法。不过在他潜移默化的影响下，萧红也开始客观地分析她与萧军之间存在的问题了。

从认识之初，萧军就一直处于主导地位。诚然，他就是萧红心目中的那个英雄，但在萧军的心中，他救她于水火，她自然应该低眉顺眼地爱着他、仰视他，而不该去和他产生什么纷争，哪怕是他爱上了别的女子——因为你卑微，就应该无条件接纳我的一切。

可是，萧红作为有知识、有文化的新女性，又怎么能接受萧军对她的伤害和侮辱呢？“爱”，于她是神圣的，是不可与人分享的。

好友白朗曾说过，萧红是一个很敏感而感性的女子。她才气过人，既忠于写作，亦忠于爱情。可是，白朗却不喜欢萧红过于隐忍的性格。在白朗眼中，萧红爱萧军，爱得卑微，已经失去了自我。因此，即便是被萧军拳脚相加，她也只会没有底气地对友人解释为“我不小心碰到的”了事。白朗替萧红很不值，认为她的温柔和忍让，并没有换来应有的体贴和恩爱，在施暴者萧军面前只会显得更懦弱。

萧红太在乎萧军，只能不断地替他找理由。她时常想，正是因为萧军，她才有幸得到鲁迅先生的教诲，在这件事上，她觉得是萧军带给她的好运。

鲁迅非常看好萧红在文坛上的前景，因为她在《生死场》中所描写的北方人民对于生的坚强和对于死的挣扎都非常深刻。在女性的作品中，很难见到能同时拥有细腻的观察和另类的笔调，为整部作品增加了不少明快的意味。也因此，他说萧红很有可能接替丁玲在文坛上的地位。

鲁迅曾这样评价萧红的《生死场》:

从《生死场》，看见了抗日前期的哈尔滨。这自然还不过是略图，叙事和写景，胜于人物的描写，然而北方人民的对于生的坚强，对于死的挣扎，却往往已经力透纸背；女性作者的细致的观察和越轨的笔致，又增加了不少明丽和新鲜。

对于萧红在情感上的困境，鲁迅十分担忧，他建议萧红冷静地思考一下。后来，萧红打听到胞弟张秀珂在日本留学，便决定前往日本。一来，可以去看看弟弟；二来，也能给自己和萧军一个空间，去考量更多的问题。

鲁迅和许广平在家里为萧红饯行后，她独自登上了去日本的游轮。

迎面吹来的海风夹杂着淡淡的咸味，怅然的萧红又控制不住地开始思念萧军了。当天，她就在船上给他写了一封信。

萧红到了日本，得知弟弟已经回了国。她在东京孤苦无依，又把满腔的情感继续向萧军倾诉。萧红给萧军寄去了一封封爱意满满的信，从思念到嗔怪，再由嗔怪到盼望，乐此不疲地写着。

在那些深情的信中，通过“三郎”“军”“均”等亲昵的称呼，就能看出她对萧军的感情依然真挚和热烈。而她的落款“莹”“吟”“悄”等，也能看出她是多么希望他们能回到当初热恋时的感觉。她天真地以为，当她离开一段时间后，萧军就会想起她的好。

沟壑

在日本的那段时间，除了身体上有过偶尔的痛楚之外，萧红算是得到了一个很好的写作环境。那时，既没有来自经济上的压力，又不用操心生活中的琐事。在那份宁静中，她也有了更深刻的思考。

萧红很庆幸，自己正身处一个黄金时代，有幸从东北的一个小地方来到上海这个大都市，并且能在国外休养和创作……她对这个世界，始终心怀感恩。

萧红的创作力非常旺盛，在短短的一个月时间里，就发表了一篇小说和两篇短文。接下来又只用了一个半月的时间，完成了 3 万字的短篇小说《家族以外的人》。

三个月后的一天，萧红意外得知恩师鲁迅先生在上海去世的噩耗。而那时，她又不能立刻赶回上海送先生最后一程，只能以一篇《海外的悲悼》来怀念先生。没多久，萧红终于接到了萧军催她回国的信。萧红以为浪子终于回头了，于是很快就买了船票。

萧红回国后的第一件事，就是在许广平和萧军的陪同下，捧着鲜花先去了万国公墓拜谒恩师鲁迅先生，以表达自己的沉痛与哀思。萧红回到家中，迫切地想要和朝思暮想的萧军说说体己话，萧军却告诉她，他和好友的太太许粤华相爱了。萧红难以置信。她在日本时，这位许粤华还悉心关照过她，是一个极其温柔的女子。想不到，她的温柔居然俘虏了桀骜不驯的萧军……

萧军丝毫不觉得自己对不起萧红，反而告诉萧红，让她好好体会此刻的情感变化，这样有利于写作。萧红的心已经在滴血，而萧军还在喋喋不休地回味着他和许粤华之间的点点滴滴。

原本萧军这次催萧红回国，是打算结束和许粤华的感情纠葛。但之后的日子里，萧军一方面和许粤华卿卿我我、藕断丝连；另一方面愤怒地对萧红说，即便许粤华是萧红的情敌，萧红也必须大度地接受这个现实。甚至，萧军还多次在朋友面前诋毁萧红的作品，认为她的文笔烂透了。

萧红彻底被萧军的强盗逻辑搞糊涂了，她的心也随之沉到了谷底。她只能把无尽的悲伤掩藏住，让自己在连续不断的写作中暂时忘却这种焦灼的痛。实在忍不住的时候，她就会在大半夜跑到大街上，像鬼一样游荡。这样的日子，使遍体鳞伤的萧红再也无法面对，只能独自逃到了北平。

几个月后，萧军要编辑《鲁迅先生纪念集》，需要萧红配合收集资料，萧红再次原谅了霸道的萧军，回到了他的身边。战争爆发后，萧红和萧军撤到了武汉，住进了著名青年诗人蒋锡金的家。不久，东北籍青年作家端木蕻良也搬来与他们同住。

随后，萧红、萧军与从东北流亡到武汉的青年作家们一同投身到抗战文艺的活动中，在武汉形成了一个很有影响力的东北作家群。

时局越来越紧张，萧红和萧军的关系也越来越难以维持。最终，萧军提出了分手。萧红默许了，对于这段感情，萧红已经筋疲力尽，她再也无力去“飞蛾扑火”了。分手，或许对他们来说也是一种解脱。

端木蕻良

新婚

1938年初春，萧红、端木蕻良等人随丁玲率领的西北战地服务团来到西安。

高高瘦瘦的端木蕻良穿着洋气又文质彬彬，与粗犷、好胜的萧军大不相同。他在平时的谈论中，意见也通常是站在萧红这一边的。而且经常夸赞萧红的作品远远超过萧军，这让萧红感到了不一样的温暖。

萧红与端木蕻良有了更多的接触。他们一起谈创作，谈各自的身世，萧红对他有了进一步的了解。端木蕻良原名曹汉文，又名曹京平，毕业于清华大学历史系。虽然和萧红一样出生在地主家庭，但因为母亲是被曹家抢去为妻的，因而，他的情感始终偏向于备受折磨的母亲，性格也偏于柔弱。

端木蕻良家境富裕，又是家中最小的孩子，在优渥的环境中，多才多艺的他高贵儒雅，眼界也与常人不同。因而，他和大多数贫寒的东北作家在一起时，就显得格格不入。端木蕻良还是一个地道的性情中人。对于同宗的先祖曹雪芹笔下的名著《红楼梦》，他痴迷了一生。

相似的家庭背景和曲折的经历，拉近了萧红与端木蕻良之间的距离。此后，萧红就经常与端木蕻良及其他作家一起逛西安古城，欣赏碑林书法……在西安的日子里，萧红感受到了前所未有的平和与快乐。

然而，上天似乎再一次捉弄着萧红的命运——萧红发现，自己怀上了萧军的骨肉。这也让她想起了曾被萧军欺骗和“家暴”的往事。

当一个女子被人伤得体无完肤的时候，这时候哪怕旁人表示一点光和热，她都能放大成“幸福”。而端木蕻良，正是在这种情况下，给予了萧红适时的温暖。很自然地，萧红对端木蕻良便产生了一丝情愫。

一个月后，萧军又来西安找萧红。当他得知萧红怀了他的孩子后，问她要不要等孩子生下来之后再决定是否分手。一方面，萧红不是没想过和萧军重归于好，这样能给孩子一个完整的家。另一方面，她对萧军反复无常的嘴脸是真的怕了，所以态度坚决地要和他分手。

一向专横的萧军对萧红非常了解，她依赖性特别强，如果没有一个新的情感作为靠山，她是不会放弃腹中骨肉的亲生父亲的。萧军这时发现了端木蕻良眼中的关切之情，推断出了他现在和萧红的关系不一般。

在萧军的逻辑里，即便是他不在乎的女人，也不能背叛自己。他捕捉到萧红和端木蕻良眼中那份微妙的默契之后，醋意又激起了他的斗志。他气势汹汹地找到端木蕻良，要和他决斗。

这次决斗虽然被萧红阻止了，但经过萧军的大闹，朋友们都知道了萧红“移情别恋”的事情，这让她非常难堪。端木蕻良没有让萧红独自面对，而是毅然决定马上娶她，他愿意照顾她和她腹中的孩子。

对于端木蕻良伸出的爱情之手，萧红不得不去紧紧抓住。在乱世中，没有比这更加让人感觉踏实的情话了。因此，萧红再一次在绝境中，把自己托付给了端木蕻良。她的生命仿佛就在一次次绝望的境地中，又一次次地找到一丝生机。为了这丝生机，她没有多余的时间去考虑自己和对方的性格差异。

萧红比端木蕻良大一岁，当时的“左”翼作家并不怎么欢迎端木蕻良。对于萧红和端木蕻良的关系，朋友们也都持反对意见。

端木蕻良却是一个信守承诺的人，他已经打定了主意，要和萧红牵手共度余生。在微风和煦的 4 月，萧红与端木蕻良一起回到武汉准备婚事。在次月的婚礼上，腹部已微微隆起的萧红穿着一条紫红色的连衣裙，格外沉静、美丽。她难掩心中的幸福之情，送给了端木蕻良一颗相思红豆，代表她对端木蕻良的感激和爱。

萧红动情地对参加婚宴的朋友们说：

我和端木蕻良并没有什么罗曼蒂克的恋爱过程。我只想和他一起过平凡夫妻的生活，没有争吵，没有打闹，没有不忠和讥笑……

看得出，此刻的萧红仍然像惊弓之鸟一样，对萧军曾经给她造成的伤害耿耿于怀。而对于端木蕻良能顶着来自家庭的巨大压力，给了她一场隆重的婚礼和一个正式的名分，她是非常知足且感动的，她只愿今后的婚姻生活平静如水。

可是，生活不会是一潭平静的湖，更何况，是处在风云变幻的战争年代。想要安稳，极其不容易。不久，武汉就开始炮声轰鸣、硝烟弥漫了，萧红和端木蕻良决定前往重庆。

本来他们是打算和罗烽、白朗夫妻及罗母一起走的，但是罗烽好不容易才买到两张船票，白朗便带着罗母先去了重庆。后来罗烽又买到两张票，萧红考虑到她是一个孕妇，和罗烽一起走并不合适。即便到了重庆，她也不能独自安排好生活。而他们夫妻又不能自私到把罗烽留在武汉，让白朗一个人在重庆照顾婆婆，于是她便坚持让端木蕻良和罗烽先走。无奈之下，端木蕻良只能把萧红托付给了田汉的爱人安娥。

逃亡

在流离转徙的日子里，计划往往不如变化快。端木蕻良刚走没几天，武汉就遭受到了日机的大轰炸。田汉因工作不能成行，安娥也去了南方，萧红只能去投奔汉口的文协。

好事多磨，一直等到 9 月，萧红好不容易才买到船票，与一位女伴一同上了船。女伴半路生病，不得不在中途下船住进了医院。萧红又独自乘船，十来天后终于抵达重庆，虽然行程延误了一天，但她还是在码头上见到了迎接她的端木蕻良。

每一次别离，都不知道会不会再见面，他们都万分珍惜相聚的光阴。这时的端木蕻良已经在大学里当上了兼职教授，也在重庆找好了临时落脚之地。好歹，也算是一个临时的家。

端木蕻良工作起来很忙，除了上课，还要写作以及编辑刊物。这种情况下，他担心照顾不好萧红，便把她送到了江津的白朗家。

但孕中的萧红此刻多么需要自己的丈夫陪在身边啊，可是端木蕻良又不得不把重心放在工作上，因为等孩子生下来之后，他们将会面临更大的开销。敏感的萧红这时无法体会端木蕻良的苦衷，对他产生了一丝怨尤。

不久，萧红在白朗家生下一个男孩，可惜几天后就夭折了，萧红更加郁郁寡欢。后来，萧红偶然在朋友家看到了萧军和一个女子的结婚照，她愣愣地看着照片中的一对新人，神色黯然，眼中渐渐泛起了泪光。

果然，当他遇到对的那个人的时候，便会义无反顾地和她结婚。她反思端木蕻良，在那种极尴尬的情况下也愿意给自己名分，这份爱，万分珍贵。于是，她心中对端木蕻良的那点怨尤也在此刻尽数释然了。

当萧红再次回到端木蕻良身边后，就开始静下心来为恩师鲁迅先生写一些纪念文章。然而，日本飞机又阴魂不散地开始接连轰炸重庆。为了能找到一个可以安心写作的地方，端木蕻良想到了桂林，而萧红想到了香港。

在萧红的性格中，既有女性的温柔，也有倔强的地方。在她和端木蕻良的婚姻中，由于端木蕻良年龄小一点，加上在生活中都要依赖萧红照顾，通常情况下，很多事情都是由萧红做主的。于是，夫妻俩一番争执后，还是萧红占了上风，夫妻二人去了香港九龙。

矛盾

萧红和端木蕻良到香港后，中华全国文艺界抗敌协会香港分会在大东酒店为他们举行了热烈的欢迎会。

那时，萧红的身体虽然还是很虚弱，却感受到了“岁月静好”的滋味。在安稳的状态下，萧红不禁沉浸在对故土的思念和对儿时美好光阴的感慨中，陆续创作出了巅峰之作《呼兰河传》《小城三月》《马伯乐》等作品。而端木蕻良也写出了《风陵渡》《新都花絮》《北风》《科尔沁前史》等优秀作品。

夫妇二人的作品，在主题上也能相互呼应。如此和谐的状态也说明，他们虽然和普通夫妻一样在生活中时有摩擦，但在文学事业上却能相互切磋、共同精进。

萧红像许许多多的女子一样，很希望得到丈夫全身心的温柔呵护，可端木蕻良不能每时每刻都在家陪她。一旦被冷落，萧红便像一条原本在海里的鲸鱼，被无情抛到荒凉的沙漠中一样，会时不时地陷入伤感和孤单中。

于是，萧红给远在重庆的白朗写信倾诉，说她在香港没有可以推心置腹的朋友，她很想在这个冬天就回去。当萧红想安排回内地的行程时，她的身体却遭到了重创。1941 年 7 月，萧红因肺结核和其他疾病，住进了香港最大的公立医院——玛丽医院。但她不愿长期住在医院，因为家中还有她无法放下的书稿，她不愿浪费一丝一毫的时间，便不断要求端木蕻良让她出院。入冬后，端木蕻良只好把萧红接回了家。

骆宾基

初识

太平洋战争爆发后，九龙陷入了浓烈的炮火之中。这时，萧红得知柳亚子先生来到了香港，便让端木蕻良请他来家里做客。

端木蕻良对病中的萧红尽心照顾的情形，让柳亚子先生非常感动，还特地为他们写下了“文坛驰骋联双璧，病榻殷勤伺一茶”的联句。

为了把萧红转移到安全的地方，端木蕻良和青年作家骆宾基次日就把她护送到香港，住进了思豪酒店。

骆宾基也是一名热血的爱国青年作家，同时也是萧红胞弟张秀珂的友人，他到香港后经朋友介绍结识了萧红。由于他和弟弟是朋友，萧红对他也充满了亲切感。

随后，在萧红的推荐下，端木蕻良还将自己在《时代文学》上连载的《大时代》停下来，优先发表了骆宾基的《人与土地》。可以说，萧红和端木蕻良都是骆宾基的伯乐。

骆宾基为了表达感激之情，便常去看望萧红和端木蕻良夫妇。而端木蕻良经常要忙于其他的事务，不得不“冷落”病中的萧红。这种情况下，端木蕻良便拜托骆宾基多陪伴萧红，也好减轻她病中的落寞与孤寂。

缠绵于病榻的萧红，对忙碌的端木蕻良有了不少怨言。因此，少不得要像普通女子那样，在弟弟一般的骆宾基面前喋喋不休地诉着苦。

一日，气喘吁吁的萧红紧紧地握住骆宾基的手，无助地看着他，神情凄然地说，她的一生都在矛盾中撕扯着，她常常陷入与愿望相反的矛盾里。和一个人的结束，恰好又是和另一个人的开始。可是，始终都有很多问题横亘在她和爱人中间。而眼下，她最需要的是骆宾基的陪伴。

时局的不稳定以及疾病的加深，都使萧红严重地缺乏安全感。越是在这种情况下，她就越想抓住一些东西。

凋零

犹如当初被困于哈尔滨旅馆中那样，那时见到的萧军，就是萧红的救命稻草；在她发现萧军对她并不忠心的时候，文字成了她唯一的希望；再后来，端木蕻良在她没有退路的时候，给了她一个婚姻……而对于此刻病中的萧红来说，眼前的骆宾基就是自己最后的一丝希望。只要能拥有一点温暖的"阳光"，她那即将凋零的生命之花，也不会那么苍白无力了。

在茫然中，萧红甚至要骆宾基将来把她送回东北老家。她含泪问道："骆君，到那时，你肯娶我吗？"手中握着的是一双女人苍白无力的手，骆宾基无论如何也说不出"不"字。骆宾基回应着萧红，摩挲着她的手，将头俯在她的胸前。

就在这时，端木蕻良忽然返回酒店看见了这一幕。他没有打扰他们，但眼前的事实告诉他，他这个丈夫，在萧红的情感上似乎已经成了过去式。于是，他悄悄地退出房门离开了酒店。

端木蕻良本想一走了之，可是终究放不下患病的萧红，于是，他一方面继续在外面购买食品和药物，另一方面寻找着还没有被日军接管的医院，他希望萧红能继续接受治疗。

一个星期后，日军占领了香港。萧红的病情忽然加重，被端木蕻良和骆宾基送进了香港跑马地养和医院。因战事而感到恐慌的医生，将她误诊为喉瘤而错动了喉管。手术造成的后果是萧红不能饮食，她的身体也更加衰弱。

6天后，端木蕻良和骆宾基又将奄奄一息的萧红转入玛丽医院。第二天，精神渐渐恢复的萧红，无力地在纸上写下了一生中最后的句子：

我将与蓝天碧水永处，留得那半部《红楼》给别人写了。

半生尽遭白眼冷遇，身先死，不甘，不甘。

几天后，玛丽医院被日军接管，萧红被送进红十字会设立的临时医院里。气若游丝的萧红向端木蕻良一再叮嘱，把她的一部分骨灰葬在鲁迅先生的墓旁。另外，把《商市街》一书的版税留给弟弟张秀珂、《生死场》的版税留给萧军、《呼兰河传》的版税留给骆宾基……

优雅如她，即便是在要离开人世的时候，她仍希望对亲友们有所馈赠。

一世凄苦的萧红永远地停止了呼吸。她生命的年轮，永远地定格在了 31 岁。本该绚丽开放的生命之花，在命运一次次的捉弄下，悄无声息地凋零了……

安放

萧红病逝后，端木蕻良希望她能有尊严地离开，细心地为她整理了仪容，并请来一位摄影师为她拍下遗照。端木蕻良又剪下了她的一缕头发，小心地珍藏起来。

当时的香港只有两个火化场，一个是给普通市民用的混合集体火化炉，另一个是日本人专用的位于东区跑马地背后的单独火化炉。而日军要求，港人的尸首必须统一集体火化。

为了能保住萧红的骨灰，端木蕻良冒险找到负责处理殡葬事务的马超栋先生，向他说明原委后请求单独火化萧红。马超栋先生很喜欢萧红的作品，对她的离世深感惋惜。于是他亲自为萧红殓尸，还打通关系，将萧红的遗体送到了跑马地火化场。

当时的香港，死人是每天都在发生的事，以至于骨灰盒奇缺。端木蕻良跑遍全岛都买不到骨灰盒，无奈之下，他只好敲开一家古董店的门，买了两个素色的古董瓶子，将萧红的骨灰分装在两个瓶子中。

为了能在战乱结束后找到萧红的墓地，端木蕻良决定把萧红的骨灰埋在不同的地方。于是，在萧红去世后的第四天，端木蕻良带着她的骨灰，艰难地爬过山路，分别赶到浅水湾和圣士提反女子中学的后土坡上。端木蕻良用双手和石头挖地，将骨灰瓶埋进了土里，并将预先写好的"萧红之墓"的木牌立于坟前。

这位一生凄苦的传奇女子，用尽一生去爱，却没有拥有真正的幸福。或许，在她去世前，一切爱恨情仇都放下了：曾经爱过，就是幸福，不必去强求天长地久……

香江的风，日夜吹拂着。而她，也带着自己的梦想，已经飞回她最热爱的呼兰大地了吧！